Giovanna Magi

PROVENCE

B BONECHI

INDEX

Introduction .... *page* 3	Lourmarin .... " 61
Aigues-Mortes .... " 106	Marseille .... " 69
Aix-en-Provence .... " 75	Ménerbes .... " 55
Ansouis .... " 58	Montmajour (Abbaye de) .... " 110
Apt .... " 58	Mont Ventoux .... " 31
Arles .... " 81	Moulin de Daudet .... " 112
Avignon .... " 4	Nîmes .... " 135
Beaucaire .... " 132	Orange .... " 19
Bonnieux .... " 58	Pont du Gard .... " 140
Cadenet .... " 60	Roussillon .... " 50
Calanques (Les) .... " 73	Saint-Gilles .... " 108
Camargue .... " 101	Saint-Michel-de-Frigolet (Abbaye de) .... " 133
Carpentras .... " 32	Saint-Rémy-de-Provence .... " 120
Cavaillon .... " 52	Saint-Roman (Abbaye de) .... " 134
Fontaine de Vaucluse .... " 37	Saintes-Maries-de-la-Mer .... " 105
Glanum .... " 123	Salon-de-Provence .... " 63
Gordes .... " 43	Sénanque (Abbaye de) .... " 47
Lacoste .... " 57	Silvacane (Abbaye de) .... " 62
Lauris .... " 60	Tarascon .... " 128
Le Barroux .... " 30	Uzès .... " 142
Le Lubéron .... " 55	Vaison-la-Romaine .... " 23
Les Baux-de-Provence .... " 113	Village des «Bories» .... " 45
L'Isle-sur-la-Sorgue .... " 34	Villeneuve-lès-Avignon .... " 17

© Copyright by CASA EDITRICE BONECHI
Via Cairoli, 18/b Florence - Italie
Tel. +39 055576841 - Fax +39 0555000766
E-mail: bonechi@bonechi.it   Internet: www.bonechi.it

Œuvre collective. Tous droits réservés. Aucune partie de cette publication ne peut être reproduite ou diffusée sous aucune forme ou par aucun moyen électronique, chimique ou mécanique que ce soit, y compris des photostats, ni par systèmes de mise en archives et de recherche d'informations, sans l'autorisation écrite de la société d'édition.
La couverture et la mise en pages de cet ouvrage ont été réalisées par les maquettistes de la Maison d'Edition Bonechi et sont par conséquent protégées par le copyright international, et en Italie aux termes de l'art. 102 de la loi n°633 sur les droits d'auteurs.

Imprimé en Italie par
Centro Stampa Editoriale Bonechi

Les photos appartiennent aux Archives des Editions Bonechi
et ont été réalisées par
Luigi Di Giovine et Paolo Giambone.
Page 20: photo du Studio BERNATEAU, Orange
Page 64, en bas: photos aimablement fournies par "Château Musée de l'Empéri"
Pages 68-74: photos aimablement fournies par PEC - Ph. Caudron

ISBN 978-88-476-2066-7

INTRODUCTION

Le problème qui se pose à tous ceux qui se rendent pour la première fois en Provence est le suivant: de quelle Provence s'agira-t-il? Quelle Provence pourra-t-on découvrir et admirer? Le risque est que, se consacrant à l'un de ses aspects, l'on perde de vue les autres. C'est pourquoi il faudrait séjourner à plusieurs reprises sur ces lieux antiques et magiques: une fois pour découvrir la Provence des petits villages perchés sur les éperons rocheux; une autre fois à la découverte des ports de Provence, vivants et colorés, avec leurs barques de pêche et leurs profondes calanques; une autre fois pour découvrir la Provence intacte et naturelle des vastes horizons de Camargue, avec ses pélerinages de gitans, ses «manades» de taureaux et de chevaux; une fois enfin pour retrouver les itinéraires des troubadours et de tous les personnages des nombreuses légendes provençales.

De la Provence romaine à la Provence médiévale; de celle des petites abbayes cachées dans la verdure à celle, fastueuse et solennelle, des antiques demeures papales; de celle des manifestations populaires, simples et authentiques, à celle des festivals de réputation mondiale, sophistiqués et raffinés; un pays complexe et extrêmement varié qui conserve jalousement ses traditions. On y parle encore le provençal, dialecte de la langue d'Oc (ou occitan), qui se distingue dès l'époque mérovingienne de la langue d'Oïl, parlée dans le nord de la France; c'est la langue qu'utilisent les troubadours dans leurs chansons et leurs poèmes d'amour; cet amour patient et courtois qui finit par faire céder les résistances de la dame devant les désirs masculins. La maison de campagne porte encore le nom de «mas», et c'est une sorte de grande ferme légèrement orientée vers l'est, ce qui la protège des rafales de mistral; on trouve aussi l'«oustau» dans les agglomérations citadines.

Il existe aussi des phénomènes naturels propres à la Provence. Il ne souffle nulle part ailleurs, ce «vent» par excellence qu'est le mistral et qui, en provençal, signifie justement le «maître». On admirera ici la blancheur et la pureté du calcaire du Mont Ventoux, de même que le rouge presque sanguin de l'argile de Roussillon; les chaînes dentelées des Alpilles et du Lubéron comme les sèches «garrigues», collines calcaires et pierreuses tachées çà et là d'une végétation clairsemée; les bois de chênes qui ont survécu jusqu'à nos jours, et les rangées bien disposées des cyprès qui protègent un peu du mistral. Les champs de lavande et ceux qui sont parsemés de coquelicots, les rangées de vigne et les vastes oliveraies témoignent d'un profond attachement à la terre.

Un peuple fort, antique, qui répète à travers le temps les mêmes gestes, des rythmes venus de loin... Cette façon de se mesurer continuellement avec l'extérieur que l'on retrouve, symboliquement, dans le jeu favori de toute la région: les «boules». Sur le terrain ombragé, le joueur de «pétanque», pieds joints dans un cercle tracé sur le sol, tient la boule de métal brillant dans sa main, fait un geste vers l'arrière et s'apprête à tirer. Tout autour, les spectateurs et les compagnons de jeu savourent déjà les discussions qui vont s'ensuivre et qui finiront grâce à une bonne gorgée de «pastis».

Au cours des dernières décennies, en Provence comme ailleurs, on a assisté bien sûr à un processus de modernisation qui est souvent synonyme de banalisation des contenus culturels d'une région. Tout n'est pas idyllique.

Mais à une époque qui a privilégié un concept de civilisation concentrée dans un petit nombre de centres qui absorbent l'extérieur et font le vide autour d'eux, la Provence témoigne au contraire d'une façon plus humaine et plus correcte de vivre la culture.

Et c'est une conception qui commence à renaître: la culture, comme autrefois, s'exprime partout, comme dans une mosaïque complexe d'activité diverses.

Tel est le problème, et le défi qui s'offre au visiteur de la Provence: chercher et découvrir les différents noyaux de civilisation qui peuvent reconstituer le profil historique de la région.

AVIGNON

L'endroit où se trouve aujourd'hui Avignon fut occupé dès les temps les plus anciens. Les populations des Cavares s'y installèrent, il y a environ deux mille ans, autour de l'énorme masse rocheuse qui surplombe le Rhône en formant un bastion naturel; ils y fondèrent un centre habité. Pêcheurs et rudes guerriers, ils donnèrent à la ville qu'ils commençaient à construire le nom de Aouenion, réunissant les deux noms celtes de «aouen» qui signifie gouffre, tourbillon d'eau, et «ion» qui veut dire seigneur, pour exprimer en un seul mot «seigneur des flots».

Lorsque, six cents ans avant J.-C., les Phocéens fondèrent Massalia, c'est-à-dire Marseille, ils furent immédiatement attirés par la solide position de Aouenion et y construisirent un port fluvial que les Romains ne manquèrent pas de développer à leur tour. Sous la domination romaine, le nom de la ville devint Avenio.

A l'aube du XIVe siècle, se produisit un événement qui allait modifier complètement son allure et son histoire: la cour pontificale s'installa en Avignon.

Le fait est qu'à Rome, les papes ne pouvaient pratiquement plus gouverner, exposés comme ils l'étaient aux luttes qui déchiraient les factions adverses.

Après le bref pontificat de Benoît XI, mort en 1304, fut élu (entre autre grâce à la pression du roi de France Philippe le Bel qui voulait faire du pontificat l'instrument de sa volonté) l'archevêque de Bordeaux Bertrand de Got, qui prit le nom de Clément V et refusa de se rendre à Rome pour sa consécration, qui eut lieu à Lyon.

A la recherche d'une résidence plus digne pour le Saint Siège, le successeur de Clément V, Jean XXII. s'installa en Avignon.

Ainsi débuta la période qui est passée dans l'histoire sous le terme de «captivité avignonnaise» ou «captivité babylonienne de l'Eglise», inspiré du titre du second écrit réformateur de Martin Luther, datant de 1520.

Sept papes français se succèdent en Avignon; c'est

L'imposante masse du Palais des Papes à Avignon.

Vue nocturne du Palais des Papes vu du fleuve.

sous leur pontificat qu'a lieu la construction et la fortification de l'immense château qui doit les accueillir; la ville s'entoure de bastions: la cour d'Avignon devient l'une des plus fastueuses de l'Europe médiévale. Mais il se constitue un fort mouvement d'opinion qui réclame le retour du pape à sa résidence naturelle, c'est-à-dire Rome.

Pétrarque, visiteur assidu de la cour papale, en est l'un des plus ardents partisans; Catherine de Sienne exhorte longuement Grégoire XI, en des termes empreints de tristesse («... mon doux, mon cher père...»), afin qu'il quitte la ville provençale; Brigitte de Suède se fait elle aussi l'interprète de ce voeu, désormais partagé par une grande partie du monde catholique.

Avec Grégoire XI, le transfert à Rome est définitif en 1377, même si l'élection de l'anti-pape divise le monde chrétien et marque le début du Grand Schisme d'Occident.

Avignon reste sous administration pontificale légataire jusqu'à la Révolution Française; pendant cette période de grande harmonie, la ville s'embellit: églises, monuments, hôtels particuliers. La vie y sera troublée par deux événements: l'un, terrible, est la peste de 1721, à laquelle ne survivra qu'un quart de la population (qui était de 24 000 habitants); l'autre est le rattachement de la ville et du Comtat Venaissin à la France, en 1791.

LE PALAIS DES PAPES

Construit en une trentaine d'années sous le pontificat de trois papes (Benoît XII, Clément VI et Innocent VI), ce château féodal est l'un des plus vastes: sa surface est en effet de 15 000 mètres carrés. De l'extérieur, le Palais des Papes a l'aspect d'une véritable forteresse: murs très hauts, percés ça et là de quelques fenêtres, petites et étroites; arcs en ogive massifs ponctuant l'imposant édifice, vastes mâchicoulis; tout cela rendait le château quasiment imprenable lors des assauts ennemis.

L'intérieur, tout différent, est bien celui d'un Palais: décorations murales, fresques, tapisseries.

Si les architectes chargés de la construction furent tous français – le premier, appelé par Benoît XII, fut le maître Pierre Poisson à qui succéda Jean de Louvres, qui travailla sous Clément VI – la décoration fut par contre entièrement confiée à des peintres italiens: le siennois G. Luca, Matteo Giovannetti, de Viterbe, qu'on appela le «peintre du pape». Simone Martini, en Avignon de 1339 à 1344, ne travailla pas au Palais. L'ensemble architectural se compose de deux bâtiments: le **Palais Vieux**, construit sous Benoît XII entre 1334 et 1342, et le **Palais Nouveau**, construit sous Clément VI entre 1342 et 1352. Le dernier pontife compléta les travaux.

Les intérieurs ont malheureusement été transformés au

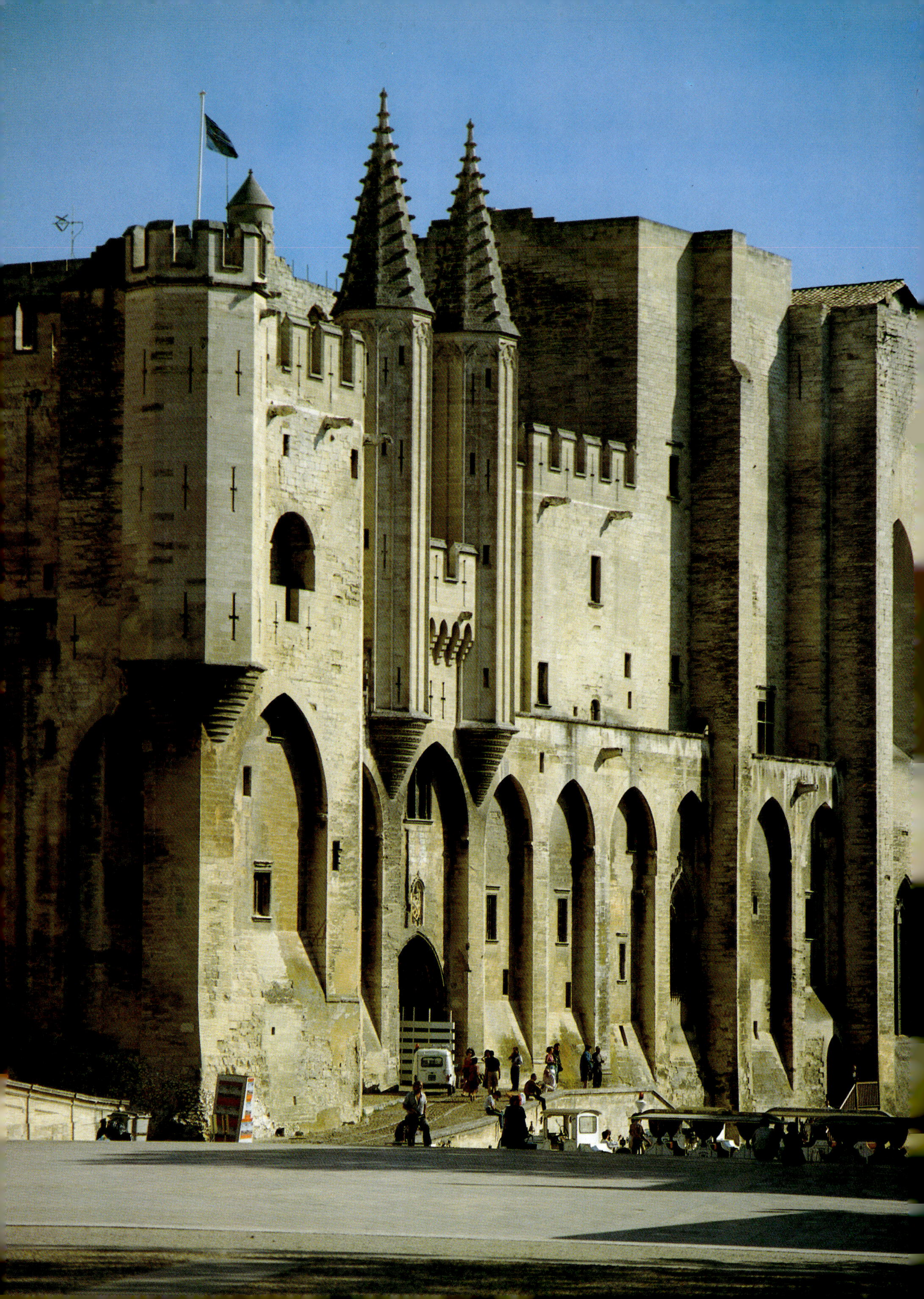

Palais des Papes - L'entrée du palais et une vue générale.

cours des siècles. Les années de la Révolution ont causé de graves dommages: mobilier détruit ou dispersé, statues et sculptures incendiées. Transformé en caserne en 1810, le palais subit un autre affront: de nombreuses fresques furent arrachées puis vendues, abîmées et morcelées, aux antiquaires d'Avignon. Le destin du Palais des Papes sera probablement bien différent de nos jours. En 1969 la ville a décidé de restaurer les deux ailes principales du palais et de les adapter pour en faire un Centre de Congrès moderne, en gardant intacte l'exceptionnelle beauté de sa structure, mais en le dotant des installations les plus modernes et les plus sophistiquées.

SALLE DU CONSISTOIRE

Cette vaste salle (34 mètres de long sur 10,5 de large) est l'une des plus importantes de tout le Palais des Papes. De nos jours le Consistoire n'a plus l'importance qu'il avait au XIVe siècle, quand il représentait le Conseil et le Tribunal suprêmes du monde chrétien. C'est dans cette salle que le pontife convoquait les cardinaux, en grande pompe et avec le faste de circonstance. Ils entraient par une petite porte située sur le mur sud: c'est là qu'étaient reçus les souverains et les ambassadeurs; c'est là que le pape prononçait le nom de celui qui était destiné au Sacré Collège; c'est là que fut instituée la procédure de canonisation de Brigitte de Suède; c'est là aussi que fut jugé et condamné Cola de Rienzo (qui resta enfermé dans la tour de Trouillas pendant plus d'un an).

On sait que les murs des salles, aujourd'hui couverts de belles tapisseries des Gobelins, portaient autrefois des fresques de Matteo Giovanetti; mais malheureusement l'incendie qui détruisit en 1413 toute l'aile du Consistoire n'épargna pas les fresques du peintre de Viterbe. La salle fut même appelée par la suite «salle brûlée», et le fameux incendie laissa son funeste souvenir dans le ton brique, significatif, qu'a gardé la pierre du mur oriental.

L'une des portes de la salle mène à la **chapelle Saint-Jean,** ou Chapelle du Consistoire, dont le plafond voûté comporte des croisées en ogive.

Cette salle, à l'inverse de la précédente, a en grande partie conservé, intacte, la décoration des murs, consa-

La Salle du Consistoire.

Les fresques dans la Chapelle Saint-Martial et la Salle de la Grande Audience.

crée à la *Vie de saint Jean Baptiste* sur les côtés nord et est, et à la *Vie de saint Jean Evangéliste* sur les côtés sud et ouest. Sur les voûtes, un autre grand cycle de fresques représentant des saints: ces derniers rappellent tellement le style de Simone Martini, qui travailla en Avignon précisément à cette époque, qu'on est tenté de les lui attribuer. Mais le registre des comptes de la Chambre Apostolique ne mentionne nullement le peintre siennois: on y trouve au contraire, en 1347 et pour cette chapelle justement, Matteo Giovannetti qui y travailla avec son équipe d'artistes, entre 1346 et 1348.

CHAPELLE SAINT-MARTIAL

Situé au premier étage de la tour Saint-Jean, ce petit oratoire (6 mètres sur 5,25) doit son nom au cycle de fresques de Matteo Giovannetti qui illustrent la *Vie de saint Martial,* apôtre et patron de Limoges, et que la légende a rendu contemporain du Christ. Le choix du sujet à illustrer fut sans aucun doute motivé par l'origine limousine du pape Clément VI, qui présida aux travaux du peintre italien. Les scènes, peintes entre 1344 et 1345, commencent sur la voûte pour passer ensuite aux registres supérieur et inférieur des parois; chacune d'elles comporte une inscription explicative en latin. Tout autour des murs, en-dessous des deux registres, une base de faux marbre surmontée d'arcades gothiques s'interrompt pour faire place à un *retable,* attribué à Matteo Giovannetti en personne.

SALLE DE LA GRANDE AUDIENCE

La Salle de la Grande Audience, chef-d'œuvre de Jean de Louvres, se trouve au rez-de-chaussée du Palais Nouveau: 52 mètres de long, 15,80 mètres de large et 11 mètres de haut; elle fut construite en 1345: elle est partagée en deux nefs par une série de cinq piliers en faisceau, qui reçoivent les nervures des arcs en ogive de la voûte. Ces nervures s'appuient, le long des parois, sur des chapiteaux sculptés avec des motifs animaliers, œuvre de haute qualité d'artistes anonymes. Sur l'un des voûtains de la salle, fond bleu ponctué d'étoiles d'or, se détachent les *vingt figures de Prophètes,* et des personnages de l'Ancien Testament, exécuté par Matteo Giovannetti en 1352-1353 pour la somme de 600 florins d'or. Chaque figure porte un phylactère (bande de parchemin caractéristique du culte hébraïque), sur lequel figurent des sentences extraites des livres sacrés.

Cette salle porte également le nom de «salle des grandes causes». Dans la nef principale, séparée partiellement du reste de la salle par une transenne, se réunissaient les 13 Juges ecclésiastiques qui formaient le

9

La Chambre du Cerf et le beau pavement en carreaux de céramique peints dans la Chambre du Pape.

Tribunal de la Rote Romaine Sacrée, appelée plus simplement la Rote. L'origine du nom est incertaine: le terme dérive peut-être du siège circulaire sur lequel prenaient place les 13 juges nommés par le pape et présidés par un décan, le «primus inter pares»; pour d'autres, le terme provient de l'usage qui consistait à faire traiter les causes à tour de rôle par les différents auditeurs; ou bien il s'agissait du support tournant sur lequel on posait les Codes. L'origine de ce tribunal est de toute façon très ancienne: les premières Règles connues remontent à 1331, sous Jean XXII. Les avocats qui assistaient aux causes et les fonctionnaires de la cour pontificale se rassemblaient autour de l'enceinte de pierre, où siégeait le tribunal. Le reste de la salle était réservé au public, qui disposait de quelques sièges adossés au mur.

CHAMBRE A COUCHER DU PAPE

Située au centre de la massive Tour du Pape, dite aussi «grande tour», c'est une pièce carrée, d'environ 10 mètres de côté, avec une cheminée d'angle et deux fenêtres. Vraisemblablement Clement VI, dès en possession de cette pièce, fit remplacer la décoration murale

Les fresques dans la Chapelle Saint-Jean.

de son prédécesseur, trop austère et sévère pour son goût. Les murs de la pièce sont en effet couverts de peintures riches et chaleureuses: des oiseaux de toutes espèces qui volent parmi des sarments de vigne, et des écureuils qui sautent entre des branches de chênes; le tout est peint directement à la détrempe sur la pierre vive. Le dallage de cette pièce a été refait récemment, avec des carreaux peints, imitation de ceux du XIVe siècle qui furent retrouvés au cours des travaux du Palais; c'est le dallage d'origine du «studium» de Benoît XII, découvert en 1963, qui a servi de modèle à cette entreprise.

CHAMBRE DU CERF

Située au troisième étage de la Tour de la Garde-Robe, c'est une petite pièce de forme carrée, d'aspect beaucoup plus gai et vivant que les salles précédentes, compte tenu de la décoration très particulière de ses murs. Si les autres sont toutes décorées de sujets sacrés et religieux, celle-ci se distingue au contraire par son sujet profane très à la mode à l'époque: la représentation des différentes formes de chasse, du faucon à la meute de chiens. Celle qui a donné son nom à la salle est représentée sur le mur ouest, où l'on voit un lévrier agile, qui saisit dans sa course un cerf entre ses griffes. La chasse au faucon se trouve sur le mur est, avec deux personnages dont l'un tient le rapace sur un doigt de la main droite, suivant la pose traditionnelle. On trouve sur le mur nord une scène de pêche, avec quatre personnages autour d'un vivier. Il s'agit certainement du «piscarium» qui existait effectivement à la cour d'Avignon, sorte de grande piscine où l'on jetait encore vivants les poissons pêchés dans d'autres eaux, servis ensuite sur les fastueuses menses pontificales.

Les fresques, exécutées en 1343, sont anonymes; elles semblent toutefois nettement inspirées par les tapisseries franco-flamandes qui représentaient des scènes de vénerie; c'est pourquoi elles furent attribuées au Français Robin de Romans qui travaillait à cette époque à la cour, figure de second plan parmi la grande équipe d'artistes alors au service du pontife. On a pensé que le sujet, l'élégance et l'originalité de la décoration pouvaient être français, mais que l'usage savant de la perspective et la plasticité de certains personnages étaient certainement de facture italienne, de sorte qu'on a attribué la direction et la coordination des travaux à Matteo Giovannetti, qui joua un rôle primordial en tant que peintre officiel de Clément VI.

CATHÉDRALE

Le nom de la cathédrale d'Avignon est en réalité **Notre-Dame-des-Doms**; il dérive peut-être de la forme latine domnus, réservée aux dignitaires ecclésiastiques, ce qui laisserait supposer que le nom de l'église était Notre-Dame-des-évêques, en latin précisement: de Domnis. Les origines de l'église sont obscures: fondée peut-être au IVe siècle, elle fut reconstruite avec une structure romane et consacrée solennellement en 1069. L'édifice actuel est plus tardif encore, et l'ensemble roman a subi de nombreuses transformations au cours des siècles. Abandonné durant la Révolution il fut rendu au culte en 1822. L'histoire de l'église est riche en événements: en 1333, avant leut départ pour la croisade contre les Turcs, Philippe VI de France, Philippe de Navarre et Jean de Bohême y reçurent, des mains du pape Jean XXII, la croix qui devait bénir leur «sainte» guerre; et en 1388, Louis II d'Anjou y fut sacré roi de Sicile et de Jérusalem par Clément VII, en présence de Charles VI.

L'extérieur présente immédiatement plusieurs œuvres d'art: le portique, manifestement inspiré de l'antiquité romaine, avec ses colonnes cannelées à chapiteaux corinthiens, offre deux œuvres de Simone Martini, le peintre siennois mort en Avignon en 1344: la *Vierge entourée d'anges* et le *Christ en bénédiction,* œuvres actuellement déposées dans le Consistoire du Palais des Papes.

L'intérieur est constitué d'une seule nef, à laquelle furent ajoutées les chapelles, entre le XIVe et le XVIe siècle. L'abside, complètement refaite au XVIIe d'après les plans de Louis-François de la Valfenière, est éclairée par cinq fenêtres en plein cintre. C'est là que se trouve la **tombe de Benoît XII,** ou du moins lui est-elle attribuée; il s'agit d'un ensemble d'éléments fragmentés qui s'ajoutèrent à la base d'origine, construite en 1342-1345 par Jean Lavenier. Une autre chapelle renferme un autre sépulcre, celui du pape Jean XXII: à cause de sa ressemblance – dans le style et la conception – avec les tombes épiscopales construites dans le sud de l'Angleterre à la même époque, on a attribué son exécution à l'anglais Hug Wilfred. L'église renferme enfin un *siège épiscopal* en marbre blanc, de la fin du XIIe siècle, avec les symboles des évangélistes Luc et Marc, situés latéralement.

MUSÉE CALVET

Au 65 de la rue Joseph Vernet se trouve l'hôtel Villeneuve-Martignan, édifice construit entre 1741 et 1754 par Jean-Baptiste Franque; il possède un beau portail en fer forgé – exécuté en 1886 par l'avignonnais Noel Biret – qui donne accés à la cour du palais. Cette vaste et somptueuse demeure abrite aujourd'hui les collections du Musée Calvet, du nom de son fondateur, Esprit Calvet, professeur à la Faculté de Médecine d'Avignon, archéologue et bibliophile. A sa mort, survenue en 1810, il fit don à la ville de son immense bibliothèque, de ses collections d'art et des fonds néces-

L'intérieur de Notre-Dame-des-Doms, cathédrale d'Avignon.

La tombe de Benoît XII, à l'intérieur de la Cathédrale.

saires à la réalisation d'un musée. A ces premiers éléments s'ajoutèrent par la suite d'autres legs et donations, comme l'importante collection de marbres grecs de la famille Nani de Venise.

La stèle du Rocher – En 1960 une importante découverte archéologique fut faite au Jardin du Rocher des Doms, qui bouleversa les théories communément admises jusqu'alors sur les origines d'Avignon. On avait toujours pensé en effet, jusqu'à cette date, que les tribus d'autrefois n'avaient fait que séjourner provisoirement les unes après les autres sur ce plateau bien protégé, sans pour autant donner lieu à des formes spécifiques de civilisation. Mais cette stèle anthropomorphe, de facture étrange et aux caractéristiques bien définies, a induit à penser au contraire que les premiers habitants de Avenio étaient non seulement plus nombreux, mais aussi bien plus évolués qu'on ne l'avait cru jusqu'alors.

HÔTEL DES MONNAIES

En face du Palais des Papes s'élève la façade baroque et compliquée de l'Hôtel des Monnaies, aujourd'hui siège du Conservatoire de Musique. Il fut construit en 1619 pour recevoir la légation pontificale du cardinal Scipion Borghese, dont on voit encore l'emblème, constitué d'aigles et de dragons. L'édifice fut transformé par la suite en caserne pour la cavallerie puis, pendant la Révolution, en quartier général de la gendarmerie. On remarquera le contraste surprenant entre l'aspect plutôt austère – presque «militaire» – du palais, et la riche décoration de sa façade.

PETIT PALAIS

On lui donna ce nom pour opposer ses dimensions modestes à celles du grand Palais avoisinant; le Petit Palais, construit en 1317, fut installé pour le cardinal Arnaud de Via, neveu de Jean XXII: à sa mort, il fut acheté par Benoît XII qui en fit le siège officiel de l'évêché d'Avignon. Fortifié pendant le Grand Schisme, il fut assiégé et bombardé. Le palais est aujourd'hui tel qu'on le modifia dans la seconde moitié du XVe siècle: malgré le maintien des parties militaires et défensives, les architectes de la Renaissance introduisirent des éléments plus adaptés au goût de l'époque: décorations et grandes salles lumineuses qui donnaient sur le fleuve. D'importantes modifications et des travaux d'embellissement furent réalisés par le cardinal Giuliano Della Rovere, qui devint ensuite pape sous le nom de Jules II. Cesare Borgia y séjourna en 1498, et François Ier en 1533. Quand Louis XIV s'arrêta en Avignon, en 1663, Anne d'Autriche et le

La façade de l'Hôtel des Monnaies.

Petit Palais - La façade du Palais et la Vierge à l'Enfant de Botticelli conservée à l'entrée du Musée.

duc d'Orléans y logèrent également. Et quand l'Etat d'Avignon passa à la France, le palais fut vendu: en 1826 on y installa un séminaire, en 1905 il fut transformé en école professionnelle; depuis 1958 enfin, il abrite un intéressant musée de peintures: la collection Campana et plus de 300 Primitifs italiens. Parmi les nombreuses œuvres d'art on remarque, dans la salle XI, une *Vierge à l'Enfant* de Sandro Botticelli, petit chef-d'œuvre de jeunesse du peintre florentin; malgré l'écho de Lippi dont il avait été le disciple, on trouve déjà chez les Madonnes de Botticelli la finesse des traits, la douceur et une psychologie presque languissante.

SAINT-PIERRE

Détruite et reconstruite à plusieurs reprises, l'église fut entièrement refaite au XIVe siècle aux frais du cardinal Pietro da Prato, évêque de Palestrina et doyen du Sacré Collège. La particularité de l'église réside dans sa façade, de style gothique flamboyant, fastueux, auquel ne sont pourtant pas étrangers certains éléments du début de la Renaissance, réalisés en 1512 sur les plans du peintre-architecte avignonnais Philippe Garçin. Sur la façade, le magnifique **portail** central à deux *battants en bois,* sculpté, que l'on peut citer sans hésitation parmi les plus beaux de toute la Provence. Dans ce cas également, l'exécution fut rendue possible grâce à la générosité d'un riche commerçant d'origine espagnole, Michel Lopis, qui confia le travail à un menuisier avignonnais originaire du Dauphiné, Antoine Volard: celui-ci s'engagea à réaliser les portes en échange de 60 écus d'or. Terminés en 1551, exécutés en noyer massif et d'une hauteur de presque quatre mètres, les panneaux sont sculptés en perspective et représentent à droite l'*Annonciation,* et à gauche *Saint Michel et saint Jérôme.* L'imposte située au-dessus est décorée de bas-reliefs d'arabesques, de figures de chimères et d'anges qui portent des cornes d'abondance et jettent des fleurs et des fruits.

A l'intérieur également, les œuvres d'art sont nombreuses: citons la *chaire,* de style gothique flamboyant, et un *devant d'autel* de style Renaissance, en pierre, exécuté en 1526 par Imbert Boachon.

PLACE DE L'HORLOGE

On arrive à la Place de l'Horloge, pittoresque et haute en couleurs, par la longue Rue de la République: un peu plus d'un kilomètre, des Remparts d'Avignon au Palais des Papes.

L'actuelle Place de l'Horloge, jalonnée de nombreux cafés où se retrouvent les jeunes du monde entier qui arrivent en Avignon – en particulier à l'occasion du célèbre Festival – était autrefois le *forum* de la ville. Le **Théâtre** et l'**Hôtel de Ville** donnent sur la place; l'Hôtel de Ville, sobre construction du XIXème siècle, comprend la **Tour de l'Horloge**, qu'est le dernier vestige gothique du couvent des Dames de Saint-Laurent. La tour porte également le nom de Tour du Jaquemart: on remarquera, au sommet, un carillon pourvu de deux automates qui sonnent les heures.

ROCHER DES DOMS

Les murs de la ville, les célèbres Remparts, surprennent inmanquablement tous ceux qui connaissent un peu les formes d'architecture militaire et défensive: on s'aperçoit que cette enceinte n'est pas une œuvre parfaite, en partie privée de mâchicoulis, avec les tours ouvertes du côté de la ville; privée, somme toute, d'équipements de défense modernes (pour l'époque). Mais cette négli-

Détail architectonique dans le portail de l'église Saint-Pierre.

Un détail de la Place de l'Horloge.

Les fines arcades du Pont St-Bénézet.

gence que trahissent les fortifications de la ville s'explique par le fait que les pontifes avaient déjà, avec leur palais, une forteresse bien difficilement attaquable.
Construits entre 1356 et 1370, les remparts s'étendent sur plus de 4 kilomètres; de forme elliptique, avec des tours et des créneaux, ils comptaient initialement sept portes, qui furent ensuite portées au nombre de quatorze. Réparés à la fin du XVe siècle par le cardinal Della Rovere, ils furent restaurés au siècle dernier par Viollet-le-Duc. Le **Rocher des Doms** est une sorte de «commentaire» aux remparts d'Avignon: c'est le point le plus caractéristique de la ville, aujourd'hui transformé en jardins. On y découvre à l'improviste un paysage grandiose sur le Rhône et sur la tour de Philippe le Bel, qui se trouve sur l'autre rive du fleuve, à Villeneuve.

PONT SAINT-BÉNÉZET

C'est lui, le «pont d'Avignon» de la célèbre chanson que tout le monde connaît. Et il est lié à une belle légende, celle de saint Bénézet, jamais canonisé, mais qui a sans doute réellement existé. Bénézet était encore un jeune berger qui gardait son troupeau près de Viviers où il était né, lorsqu'il entendit un jour une voix céleste qui lui ordonnait de se rendre en Avignon et d'y construire un pont à travers l'impétueux cours du Rhône. Le jeune garçon, qui n'avait jamais quitté ses collines, rencontra en chemin un ange qui le conduisit auprès de l'évêque d'Avignon; celui-ci le mit à l'épreuve en lui faisant soulever une pierre tellement lourde que trente hommes réunis n'auraient pas réussi à la déplacer d'un centimètre. Bénézet, doué d'une force soudaine et miraculeuse, la souleva sans difficulté et alla la déposer sur la rive du fleuve. «Cette pierre sera» dit-il, «la première des fondations du pont». La foule qui était accourue entre-temps fut prise d'un enthousiasme indescriptible: une souscription publique fut faite sur le champ, et rapporta, dit-on, cinq mille écus d'or.
Quels que fussent les antécédents, légendaires ou non, la construction du pont commença en 1177 et s'acheva en 1185, l'édifice englobait les deux bras du Rhône, il avait environ 900 mètres de longueur, était soutenu par vingt-deux arcades: pour qui, à l'époque, remontait le fleuve depuis la mer, ce pont était le premier qu'il rencontrait. Presque entièrement démoli après la chute d'Avignon en 1226, il fut en partie reconstruit puis définitivement abandonné en 1680. Du «pont d'Avignon», il reste aujourd'hui quatre arcades avec, sur le second pilier, une petite chapelle, la Chapelle Saint-Nicolas, à deux étages, formée d'une chapelle romane surmontée d'une chapelle gothique flanquée d'une abside au XVIe siècle. C'est là que fut enterré le corps de Bénézet, transporté en 1674 dans l'église des Célestins, d'où il disparut malheureusement dans la tempête de la Révolution Française.

Le Fort St-André, à Villeneuve-lès-Avignon.

VILLENEUVE-LÈS-AVIGNON

La petite ville médiévale de Villeneuve-lès-Avignon se trouve sur la rive droite du Rhône: elle est presque le pendant naturel d'Avignon. Son origine remonte au monastère bénédictin de Saint-André, fondé au Xe siècle sur la colline qui s'appelait à l'époque mont Andaon: au début du Moyen Age, cette hauteur était encore une île, entourée par un bras du Rhône qui s'asscéha par la suite. En 1292 Philippe le Bel, qui avait compris l'importance stratégique et militaire du lieu, fonda la nouvelle ville, la «ville neuve», qui allait, en tant que base de la monarchie capétienne, faire contrepoids à Avignon, base de l'Empire puis ville pontificale. Le fleuve unissait et séparait en même temps les deux villes qui se faisaient face: après la croisade des Albigeois, le roi de France, propriétaire du fleuve mais pas de ses berges, prétendit que les habitants d'Avignon lui paient un impôt lorsqu'en période de crues, ils étaient inondés par les eaux du Rhône!

L'arrivée des papes en Avignon est l'occasion unique d'un nouvel essor de Villeneuve. Les cardinaux, qui ne trouvent pas, dans la ville du pape, les résidences dignes d'eux, se déplacent vers la «périphérie»: ils passent le pont et construisent à Villeneuve une quinzaine de splendides résidences, les «livrées». La prospérité se maintient longtemps à Villeneuve, même après le départ des papes pour Rome: seule la Révolution Française tournera définitivement la page de la richesse ecclésiastique et aristocratique qui avait marqué pendant de longs siècles la vie de Villeneuve.

Les vestiges de cette splendeur passée sont nombreux. Le premier, qui saute littéralement aux yeux, est la **Tour de Philippe le Bel,** massive et solitaire, construite en 1302 au début du pont Saint-Bénézet: elle a 32 mètres de hauteur, et c'est tout ce qui subsiste du petit château qui défendait à l'origine l'entrée du pont. Le second étage et la petite tour de garde furent ajoutés au cours du XIVe siècle. D'en haut, on a une très belle vue sur le fleuve et sur la «ville des papes» qui regarde la «ville des cardinaux». Un autre splendide point de vue est celui du Fort Saint-André, citadelle construite dans la seconde moitié du XIVe siècle par Jean le Bon et Charles Quint, avec des murs à créneaux et un magnifique portail de défense encadré de deux puissants donjons identiques, manifestement inspirés de l'architecture militaire du nord, et qui représentent aujourd'hui l'un des plus beaux exemples de fortifications médiévales.

Quant à la fastueuse résidence du cardinal Arnaud de Via, elle fut transformée en collégiale en 1333. C'est aujourd'hui l'église paroissiale; elle comporte une importante abside construite en 1344-1355 sur la base d'un donjon couronné de créneaux et embelli de fenêtres géminées en ogive. L'intérieur, à une seule nef, renferme un petit chef-d'œuvre conservé dans la sacristie: une **Vierge en ivoire,** polychrome sculptée dans une défense d'éléphant dont elle suit la courbe sinueuse et musicale. Cette précieuse statuette est un chef-d'œuvre de la sculpture française du XIVe siècle, et constitue un pont indispensable entre la gravité et la sévérité du gothique, et les formes plus recherchées qui commençaient à se faire jour. L'un des monuments les plus importants de cette petite ville est la **Chartreuse** (dite Chartreuse du Val de Bénédiction), construite par Innocent VI pour commémorer le geste du Père général de l'Ordre des Chartreux qui, par humilité et obéissance à l'Ordre, refusa la tiare lorsqu'il fut élu pape au Conclave de 1352. Cette Chartreuse, qui devint rapidement la plus importante de France, renferme la **tombe de Innocent VI,** gothique, en pierre, installée sur un haut socle décoré d'arcades; la Chartreuse comporte également un petit cloître suggestif, une cour avec un puits, et une fontaine dite de Saint-Jean, située au centre d'un cloître sur lequel donnent les cellules des moines.

La précieuse statue en ivoire de la Vierge à l'Enfant, conservée à l'intérieur de l'Eglise paroissiale.

La Tour de Philippe le Bel.

L'Arc romain d'Orange.

ORANGE

L'antique *Arausio* est à ses débuts un bourg celtique: c'est là qu'a lieu, en 105 avant J.-C., le premier affrontement entre l'armée romaine d'une part, et les Cimbres et les Teutons de l'autre, qui se conclut par un désastre pour les premiers; les Romains qui restent sur le champ de bataille sont cent mille. Fondée par les vétérans de la Seconde Légion de Jules César, Arausio jouit d'une énorme prospérité, surtout pendant la période de paix; tous les grands écrivains de l'Antiquité l'ont citée: de Titus Livius à Strabon, de Pomponius Mela à Pline l'Ancien. Quatre fois plus peuplée qu'aujourd'hui, Arausio possède alors un théâtre et un amphithéâtre, des thermes et un cirque, un arc de triomphe (qui est en réalité un arc commémoratif) et de nombreux temples. Presque tout sera détruit par les barbares: Alamans et Visigoths. Au XIIIe siècle, Orange est le siège d'une petite principauté qui échoit en partage, par le jeu compliqué des mariages et des héritages dont abonde l'Histoire, à une branche de la Maison des Baux qui est en même temps héritière de la principauté germanique de Nassau. Quand le fameux Guillaume le Taciturne, prince d'Orange et de Nassau, devient gouverneur de la république des Provinces Unies des Pays Bas, le nom de la ville provençale s'associe à jamais à celui de la dynastie qui règne aujourd'hui en Hollande. L'intérêt que les

Le mur de scène du théâtre.

princes hollandais portent à leur lointain territoire est tel qu'ils décident de le fortifier, avec un château et des remparts. Mais ils utilisent, pour ce faire, les quelques matériaux que les barbares avaient laissé sur place plusieurs siècles auparavant: et cette fois, Orange ne conserve plus de ses célèbres monuments romains que l'**Arc de triomphe** et le **Théâtre**.
Quand Louis XIV part en guerre contre la Hollande, la première à en faire les frais est précisément la principauté d'Orange, dont les murs sont complètement rasés et le château détruit. En 1713 le Traité d'Utrecht reconnaît à la France la possession de la principauté.
Voici donc les monuments romains peu nombreux mais exceptionnels, qui ont survécu à Orange. L'Arc d'abord, situé sur l'ancienne voie Agrippa qui reliait Arles à Lyon.
Construit en 49 avant J.-C. à la suite de la victoire de Jules César, il fut de nouveau dédié à Tibère en 25 après J.-C. D'une longueur de 19 mètres, d'une hauteur de 18 et d'une profondeur de 8, c'est l'un des plus majestueux qui soient parvenus jusqu'à nous. Il est ouvert par trois arcades dont les voûtes à caissons sont ornées de rosettes, surmontées d'un tympan et d'un attique. Les scènes richement décorées rappellent les victoires de la fameuse Seconde Légion dont les vétérans furent les fondateurs de la ville. Sur l'at-

tique on retrouve la guerre contre les Gaulois; à côté du tympan, deux bas-reliefs aux sujets empruntés à la marine (ancres, proues, tridents); sur un côté, des prisonniers enchaînés et des trophées de guerre.

Mais le plus beau monument que nous a transmis l'Antiquité est le Théâtre construit sous Auguste, le seul au monde qui ait conservé, absolument et miraculeusement intact, son mur de scène.

Imposant (103 mètres de longueur et 36 de hauteur) et très élégant (ouvert en bas par des voûtes et embelli en haut par des arcades aveugles), il obtint de Louis XIV la définition de «plus beau mur du royaume». L'intérieur, qui comprenait à l'origine trois ordres, devait contenir 11 000 spectateurs. Il comporte aujourd'hui 7 000 places et le public s'y presse à chaque représentation; l'acoustique y est parfaite. Une colossale *statue d'Auguste* a été reconstituée et installée dans une niche en 1950; elle mesure 3 mètres 55 de hauteur et constitue l'une des plus grandes statues jamais réalisées pendant la période de l'Empire romain.

A côté du Théâtre, les fouilles minutieuses effectuées par Formigé ont permis de mettre au jour les restes d'un grand **Gymnase** qui devait mesurer 400 mètres sur 80. Il était vraisemblablement composé de 3 pistes pour la course – chacune d'elles d'une longueur de 180 mètres, devait être entourée de portiques à 2 étages – et d'une plate-forme où se déroulaient les compétitions de lutte; cette dernière comportait également une colonnade intérieure. Un imposant **Capitole** et ses trois temples, qui formaient un front de 60 mètres, dominaient l'ensemble du Gymnase renforcé sur les côtés par d'énormes contreforts. Toutes ces indications ont été fournies par les fouilles, effectuées avec soin et attention. Du haut de la colline de Saint-Eutrope, on mesure la hardiesse et la complexité de la construction en observant les vestiges des temples et du portique.

Une vue de l'intérieur du théâtre avec la statue d'Auguste.

Une vue des fouilles du Gymnase et du Capitole.

VAISON-LA-ROMAINE

Un voyage parmi les beautés de la Provence romaine serait incomplet sans une visite à cette petite ville, située sur les rives de l'Ouvèze. Ce site fut habité dès le second millénaire avant J.-C. par des populations néolithiques: sous le carrelage d'époque romaine, on a en effet retrouvé des traces de cette époque, sous forme de haches de pierre, armes et ustensiles en silex. A la fin du IVe siècle avant J.-C., époque de l'expansion celte, la ville devient la capitale d'une tribu celte, les Voconces, et porte le nom de «Vasio Vocontiorum». La rivière, aujourd'hui l'Ouzève, alors l'Ouas, donne son nom à la ville, qui s'appelle Ouas Jon, c'est-à-dire la ville de l'Ouas, d'où dérivera plus tard Vasio et enfin Vaison. En 124 avant J.-C., la campagne militaire du consul romain M. Fulvius Flaccus marquera sa conquête. Celle-ci sera définitive avec la paix de 58 avant J.-C., et lorsque Jules César lui attribuera le titre de «civitas fœderata», c'est-à-dire ville alliée du peuple romain, avec tous les avantages politiques, économiques et administratifs que comportait cette situation de privilège. La ville s'agrandit et s'enrichit au point que l'historien romain Pomponius Mela la définit «urbs opulentissima». Et l'opulence de Vaison, convoitée par toutes les tribus barbares qui pénétraient dans la région – Ostrogoths, Visigoths et Burgondes – marqua fortement son destin: ces tribus mirent brusquement fin à l'époque heureuse de Vaison et la détruisirent. Les habitants quittèrent alors la première agglomération sur la rivière pour s'installer plus en hauteur, protégés par un château construit sur le gros rocher qui surplombe l'Ouzève.

Au XVIIIe siècle, la plupart des habitants regagnèrent le site de l'ancienne ville romaine pour construire l'agglomération moderne. Les fouilles archéologiques, commencées en 1907, ont mis au jour le vaste espace de la ville romaine, divisée en deux quartiers: Puymin et Villasse. Dans ce dernier, en descendant la rue principale – large voie pavée dont le trottoir comporte les traces de plusieurs petits puits d'écoulement – on arrive à la grande **Basilique,** qui était pour les anciens habitants de Vaison le centre des affaires et du commerce. Il reste aujourd'hui une vaste salle de douze mètres et demi, et un grand arc bordé de piliers cannelés. Dans le quartier de Puymin, on trouve un autre témoignage surprenant de la vie publique telle qu'elle se déroulait à Vaison: un *dolium,* une énorme outre pour les provisions, d'une hauteur de 2 mètre 20, restée exactement à sa place d'origine, au coin d'un groupe de constructions qu'on n'hésiterait pas, de nos jours, à définir comme un «lotissement».

Non loin de là, le **Portique de Pompée,** qui fut peut-être construit – comme le suggère un fragment d'inscription portant le nom de Pompeia – grâce à la générosité de cette noble famille romaine; cet endroit constituait sans doute une élégante promenade publique: de forme carrée, d'une longueur de 52 mètres de côté, il comporte au centre un vaste espace aujourd'hui transformé en jardin. La décoration devait être particulièrement belle: fresques sur les parois, mosaïques, statues dans les niches. Sur le mur nord, dans une exèdre semi-circulaire, on peut voir la *statue de l'impératrice Sabine,* épouse d'Hadrien; la *statue d'Hadrien* (l'une et l'autre sont les copies des originaux qui se trouvent au Musée de Vaison) est dans l'exèdre du côté est. Dans une autre niche, on a conservé la réplique romaine en marbre blanc du célèbre *Diadumène,* œuvre du grand Polyclète, dont l'original est conservé au British Museum de Londres.

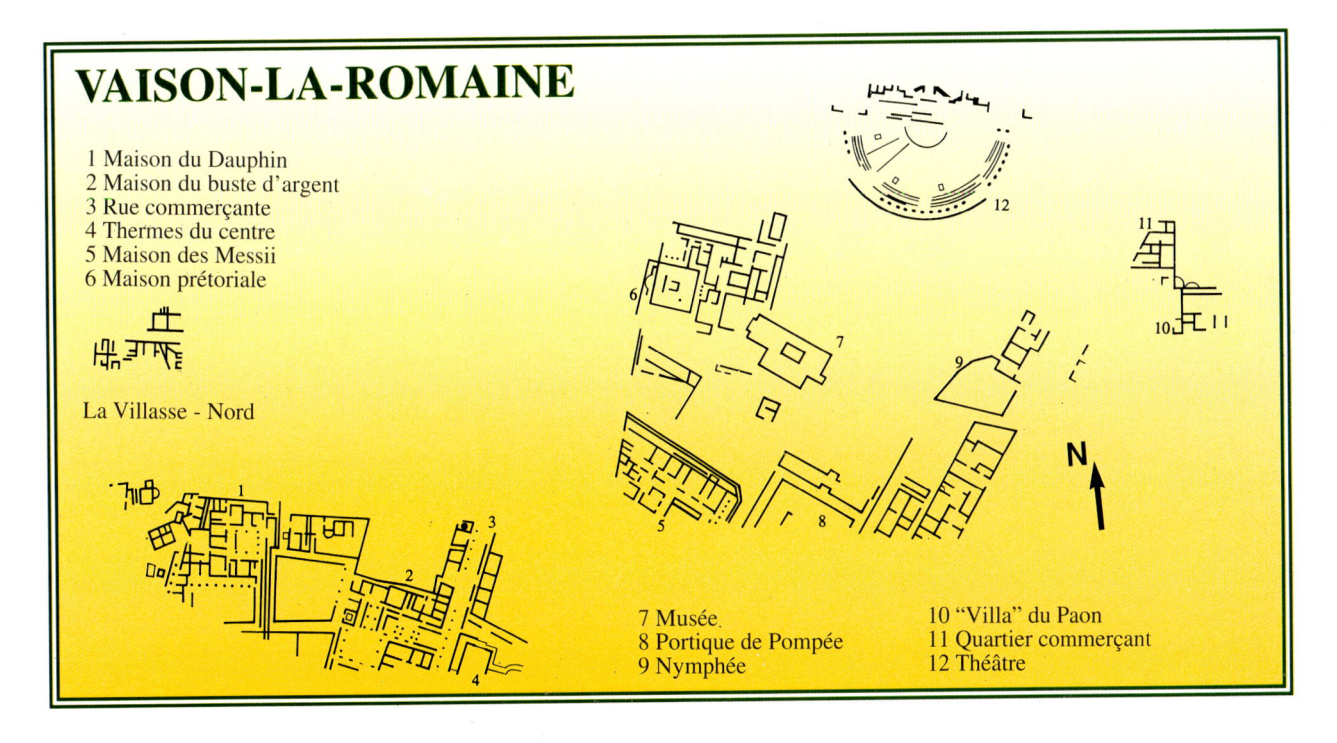

VAISON-LA-ROMAINE

1 Maison du Dauphin
2 Maison du buste d'argent
3 Rue commerçante
4 Thermes du centre
5 Maison des Messii
6 Maison prétoriale

La Villasse - Nord

7 Musée
8 Portique de Pompée
9 Nymphée
10 "Villa" du Paon
11 Quartier commerçant
12 Théâtre

La maison du Préteur.

Une vue de la maison des Messii.

De là on accède facilement au **Théâtre**, un peu plus petit que ceux d'Arles et d'Orange, mais adossé comme ce dernier à la colline de Puymin. Construit à l'ère chrétienne, il fut utilisé jusqu'au début du Ve siècle, quand le décret de Onorius ordonna en 407 la destruction de tout ce qui pouvait avoir quelque lien avec le paganisme.
Une partie des matériaux fut emportée pour servir à la construction de nouveaux édifices. La scène fut entièrement creusée dans la roche de la colline: on y perça même une galerie, pour permettre l'accès du théâtre à ceux qui habitaient sur l'autre versant. Malgré les destructions et contrairement à d'autres théâtres antiques de Provence, il subsiste encore la colonnade du portique du dernier ordre.

MUSÉE ARCHÉOLOGIQUE THÉO DESPLANS

Le Musée, dans un édifice inséré dans le périmètre de Puymin, expose la plupart des vestiges mis au jour durant les fouilles de ces dernières années.
Les salles sont disposées autour d'une vaste cour centrale où se trouve aussi un point de vente des publications relatives aux fouilles de Vaison-la-Romaine.

Masque tragique provenant de l'acroterium du Mausolée.

Vue du théâtre adossé à la colline de Puymin : les galeries étaient ornées, à l'origine, des statues d'Hadrien, de son épouse, Sabine, et de Diadumène.

Mosaïque provenant de la villa du Paon et statue représentant Claude, qui fut empereur de 41 à 54.

Tête d'Apollon couronnée de lauriers; longtemps considérée comme une tête de Vénus, elle fut trouvée dans la maison des Messii en 1925.

Buste en argent de patricien romain (IIe moitié du IIe siècle ap- J.-C.), retrouvée en 1924 dans le quartier de Villasse parmi les ruines d'une maison romaine.

Deux vues de la basilique.

Cathédrale Notre-Dame - L'extérieur de l'église, en style roman provençal et, au-dessous, la nef centrale.

Cathédrale Notre-Dame - Une vue du cloître et un détail de l'un des chapiteaux.

Le beau pont romain qui enjambe l'Ouvèze.

LA CATHÉDRALE

La **cathédrale Notre-Dame,** construite pour la première fois à l'époque mérovingienne (VIe ou VIIe siècle), fut puis refaite en style roman provençal entre 1150 et 1160, en réutilisant des matériaux provenant de divers monuments romains. Ainsi les *fondations* de l'édifice religieux reposent-elles directement sur des chapiteaux et tambours de colonnes romaines. Le même système fut utilisé pour le chœur, dont les arcades aveugles reposent sur des colonnes romaines qui y furent spécialement apportées. Le *cloître*, très restauré, remonte à la moitié du XIIe siècle; adossé au côté nord de la cathédrale, il comporte des arcades à colonnettes géminées pourvues de chapiteaux à décoration florale et à volutes. On remarque une longue et curieuse inscription en latin, un texte à mi-chemin entre l'allégorique et le mystique, dont les historiens et les épigraphistes n'ont pas encore résolu l'énigme.

PONT ROMAIN

Le pont sur l'Ouvèze a résisté également, identique à ce qu'il était il y a deux mille ans: seul le parapet, détruit par une inondation en 1616, fut reconstruit au siècle dernier. Le parapet, endommagé par l'inondation de 1992, a été reconstruit en 1994 tel qu'il était auparavant. D'une longueur de 17 mètres, il comporte une seule arcade en plein cintre, plutôt haute par rapport au lit du fleuve.

Le château dominant le village du Barroux.

L'abbaye Sainte-Madeleine qui se dresse parmi les oliviers, les cyprès et les rangées de lavande.

LE BARROUX

Le **château** a l'aspect imprenable d'une véritable forteresse. Au XIIe siècle il fut construit par les seigneurs des Baux au sommet de la colline qui domine le village du Barroux. Avec le temps, le château se transforma en une agréable demeure de style Renaissance, surtout à partir du XVIe siècle, quand il devint propriété des seigneurs du Barroux. En revanche, l'**abbaye Sainte-Madeleine** a une histoire récente. Le 25 août 1970, Dom Gérard, un moine de Tournay, fonda le monastère Sainte-Madeleine à Bédoin, en Vaucluse. En l'espace de quelques années la communauté monastique s'est accrue au point qu'en janvier 1977 on décida de bâtir un monastère plus grand. L'année suivante, 30 hectares de terrain furent achetés dans la commune du Barroux, entre le Mont Ventoux et les Dentelles de Montmirail. Si les travaux ont progressé rapidement, ils ont connu néanmoins quelques difficultés.

La première pierre, posée le 21 mars 1980, porte gravée la devise du monastère «Pax in lumine» (Paix dans la lumière). A Noël de l'année suivante, les moines déménagent dans le nouveau monastère. L'église, dont les travaux ont commencé en 1986, a été achevée trois ans plus tard. Le 18 juin 1989 le monastère Sainte-Madeleine a reçu le titre d'Abbaye bénédictine.

MONT VENTOUX

Le Mont Ventoux, qui culmine à 1912 mètres d'altitude, constitue l'une des plus belles excursions de toute la Provence; sa cime offre un panorama grandiose: Marseille et la mer, les Alpes, les Cévennes, les Pyrénées.

On constate avec surprise que les écrivains anciens, Pline et Strabon en particulier, ne citent jamais cette montagne. Et le premier homme de l'histoire qui l'escalada officiellement ne fut pas un alpiniste de profession mais un poète, Pétrarque, qui quitta le village de Malaucène le 26 avril 1336 avec son frère, pour s'acheminer vers le sommet. Cette ascension est commémorée aujourd'hui par une plaque apposée sur la façade de l'important observatoire météorologique installé sur la cime.

Au XVe siècle fut construite au Mont Ventoux une chapelle dédiée à la Sainte Croix, où l'évêque de Carpentras, Pierre de Valetariis, fit garder des fragments de la Vraie Croix par un ermite: la chapelle devint par la suite lieu de pélerinage. Le Mont Ventoux a de tous temps attiré l'attention et la curiosité des botanistes. On y trouve en effet des fleurs et des arbres d'espèces les plus variées: du thym méditerranéen au saxifrage du Spitzberg! et puis des pins, des cèdres, des sapins, des hêtres... Sur la cime, le mistral souffle avec une extrême violence, comme l'indique le nom même de la montagne. Pendant la saison froide, le thermomètre descend à – 27° et, de décembre à avril, la montagne est couverte de neige au-dessus de 1300 mètres. Ici aussi la croyance populaire a tenté de trouver une explication étrange et surnaturelle à la fureur du vent qui se déchaîne là-haut comme nulle part ailleurs.

Au cours des travaux de creusement pour la construction de l'observatoire, on trouva de nombreux fragments de terre cuite qui semblaient être des morceaux de trompettes. On en conclut qu'il devait s'agir d'offrandes votives laissées dans un temple s'élevant autrefois à cet endroit, et dédié à la divinité locale. Sans doute les nombreux bergers de la région avaient-ils pour rite d'y déposer ces trompettes dans lesquelles ils soufflaient pour attirer les faveurs du «dieu-vent».

Panorama sur le sommet du Mont Ventoux.

La façade néo-classique de l'Hôtel-Dieu. *Le centre urbain, animé et pittoresque.*

CARPENTRAS

Sise sur les bords de l'Auzon et sous le sommet majestueux du mont Ventoux, Carpentras a été la capitale incontestée du Comtat Venaissin depuis le 2 avril 1320 jusqu'à la Révolution, après avoir appartenu au Saint-Siège. Pline la cite sous le nom de «Carpentoracte Memimorum» comme capitale du peuple celte des Mémines. Quant à Carpentoracte, cette appellation semble dériver d'un mot celtique, «karpenton», qui désigne un char a deux roues tiré par deux chevaux. La ville s'appela ensuite *Forum Neronis* et, sous les Romains, devint le siège d'un marché florissant. Carpentras se développa rapidement: très vite elle déborda au-delà de la première enceinte et c'est pourquoi, au XIVe siècle, on doubla les fortifications: de cette nouvelle enceinte, qui comprenait 32 tours et 4 portes, il ne reste que la **Porte d'Orange** par où on entre dans la ville.

Carpentras a été également le siège d'une des plus importantes et des plus vivantes communautés israélites de France: sa synagogue est la plus ancienne (1307) et la mieux conservée de toute la France. On trouve aussi une très belle porte hébraïque dans la cathédrale Saint-Siffrein, ainsi appelée parce qu'elle était réservée aux juifs convertis qui y passaient le jour de leur baptême. Ce portail est surmonté d'une sculpture curieuse dont l'interprétation n'est pas encore très sûre: c'est une sphère sur laquelle courent des rats et dite, de ce fait, «boule aux rats». Peut-être faut-il se référer à la peste noire, que les rats ont porté d'Orient en Europe et qui a fait plus de 150 000 victimes dans la seule région d'Avignon dont trois mille en trois ans à Carpentras: on pourrait alors penser que cette sculpture joue le rôle de souvenir de cet événement terrible et inoubliable et sert à conjurer le sort.

La Cathédrale – qui abrite cette curiosité – a été construite à partir de 1404 sur ordre de Benoît XIII, le dernier antipape d'Avignon. A l'intérieur se trouve le sarcophage du cardinal Butti, œuvre de Jacques Bernus, artiste provençal qui est également l'auteur de la décoration du chœur. Parmi les nombreux édifices de Carpentras il faut citer l'**Hôtel-Dieu,** fondé par l'évêque Malachie d'Inguimbert. Sur la façade, néoclassique, des colonnes soutiennent un fronton triangulaire surmonté d'une balustrade. A l'intérieur, les armoires peintes d'une pharmacie renferment une précieuse collection de faïences de Moustiers.

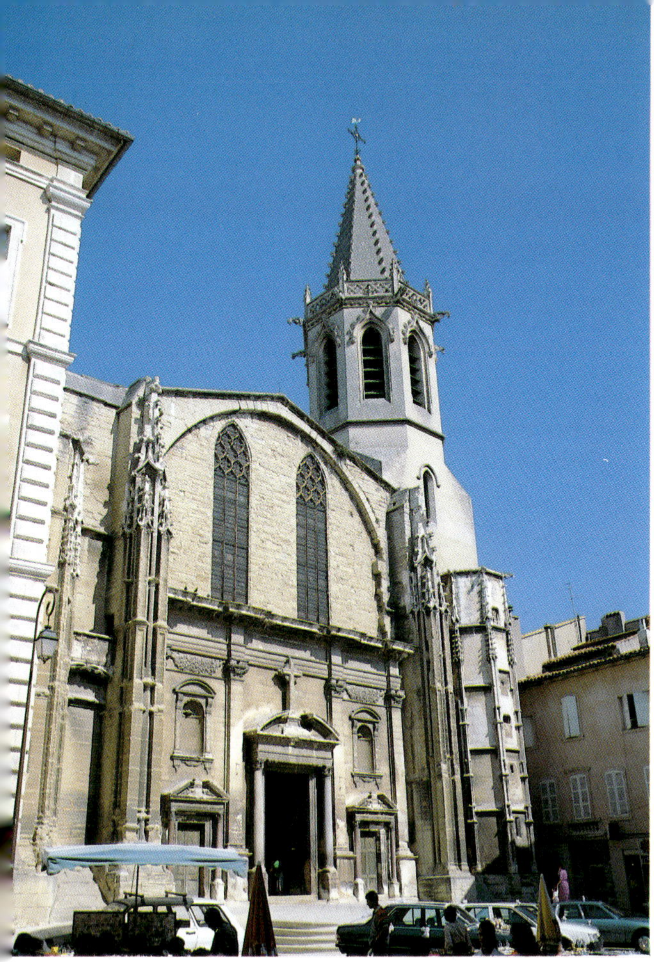

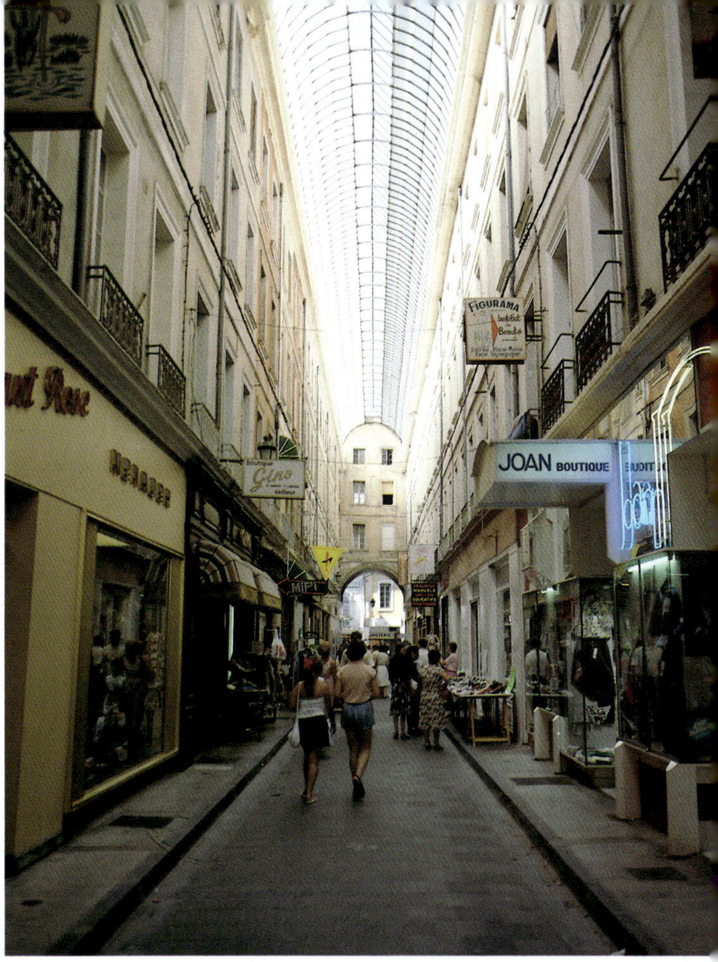
FIGURAMA
JOAN BOUTIQUE
Gino

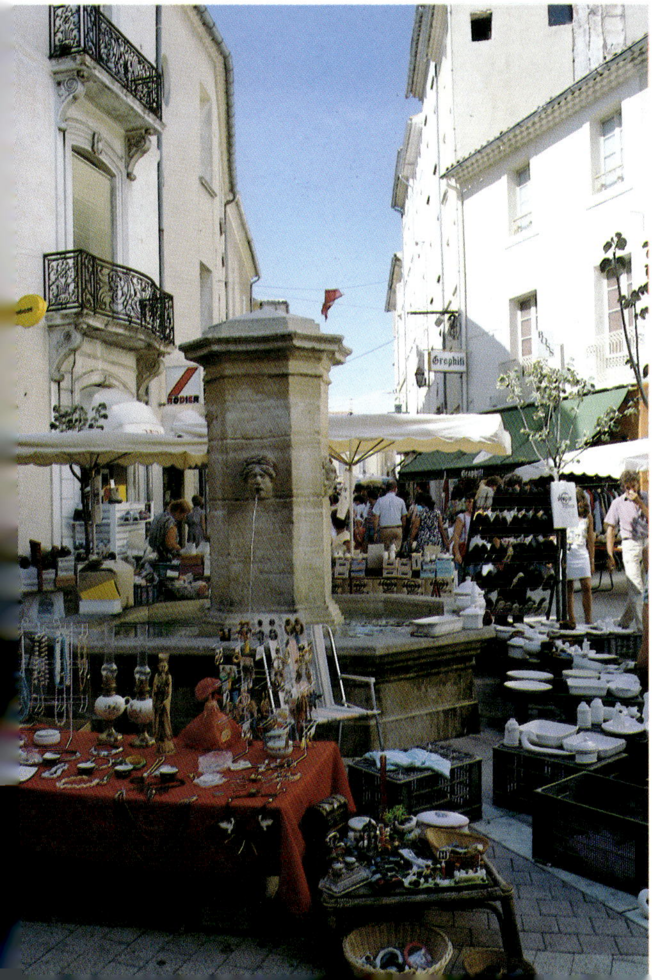

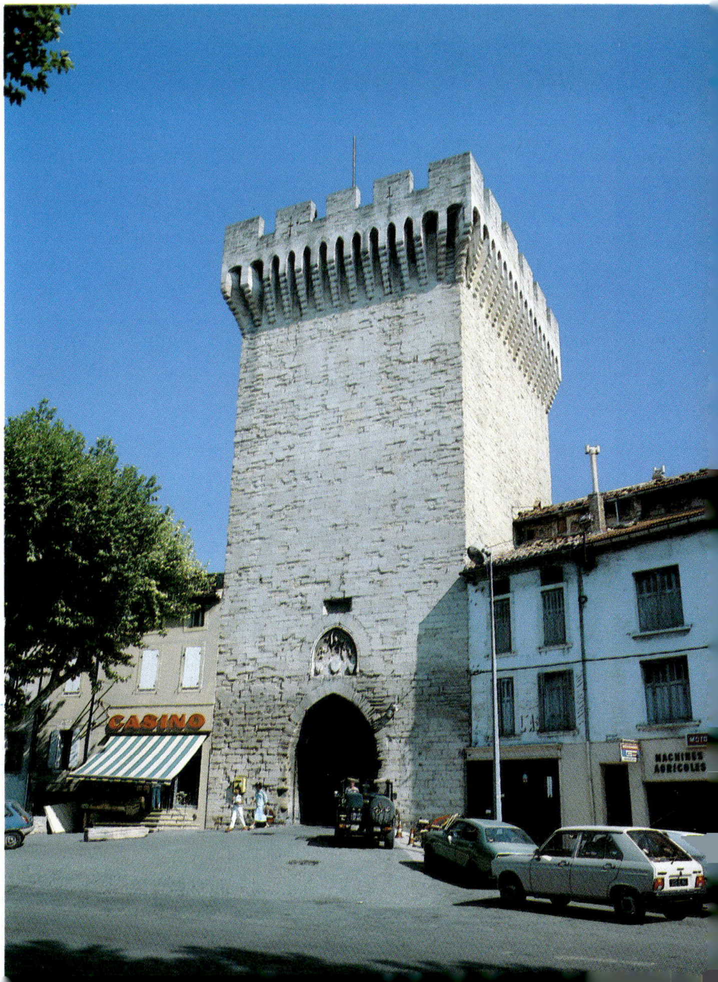
CASINO
MACHINES AGRICOLES

L'ISLE-SUR-LA-SORGUE

Dans l'antiquité, le lieu où se trouve actuellement l'une des plus caractéristiques petites villes provençales était une zone malsaine de marais. S'y établirent quelques familles de pêcheurs qui, pour pouvoir vivre plus commodément, drainèrent et bonifièrent ces terrains qui furent appelées «insulae», c'est-à-dire «les îles». Ces pêcheurs jouirent longtemps de nombreux privilèges, parmi lesquels celui de l'exclusivité de la pêche dans les eaux de la Sorgue, de sa source jusqu'au Rhône.

Avec le temps, ce petit centre - qui à l'origine s'appelait Saint-Laurent - se fortifia pour se défendre des attaques de bandes armées qui rodaient et mettaient à sac les villages alentours.

Il ne reste plus rien de cette enceinte, agrandie et restructurée au cours des siècles, parce qu'elle fut complètement détruite durant le XIXe siècle.

Cependant, nous savons que les remparts étaient percés de quatre portes dont l'une, celle que l'on appelait Porte Saint-Louis, avait un beau fronton orné des armes des rois de France.

Installée comme par magie sur les différents bras du fleuve qui la traverse, la découpe de ses nombreux canaux enjambés de ponts et de passerelles donnant accès aux habitations, l'Isle-sur-la-Sorgue dégage un

Les canaux traversant la petite ville.

Quatre images des magasins typiques se trouvant dans le centre de l'Isle-sur-la-Sorgue.

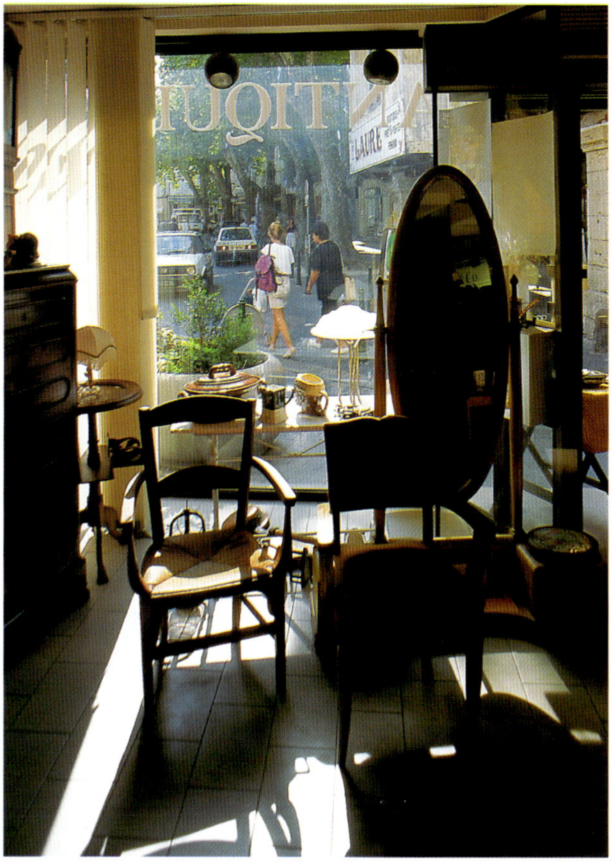

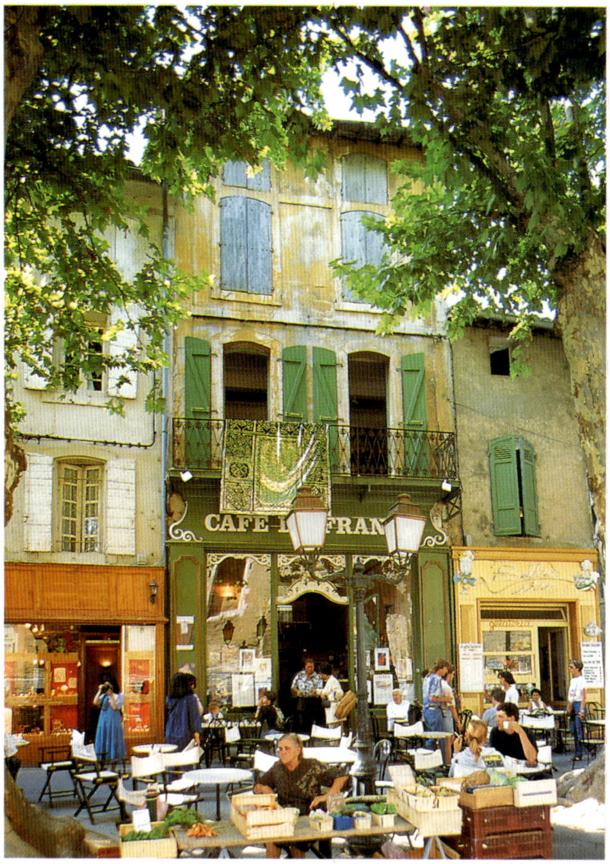
CAFE

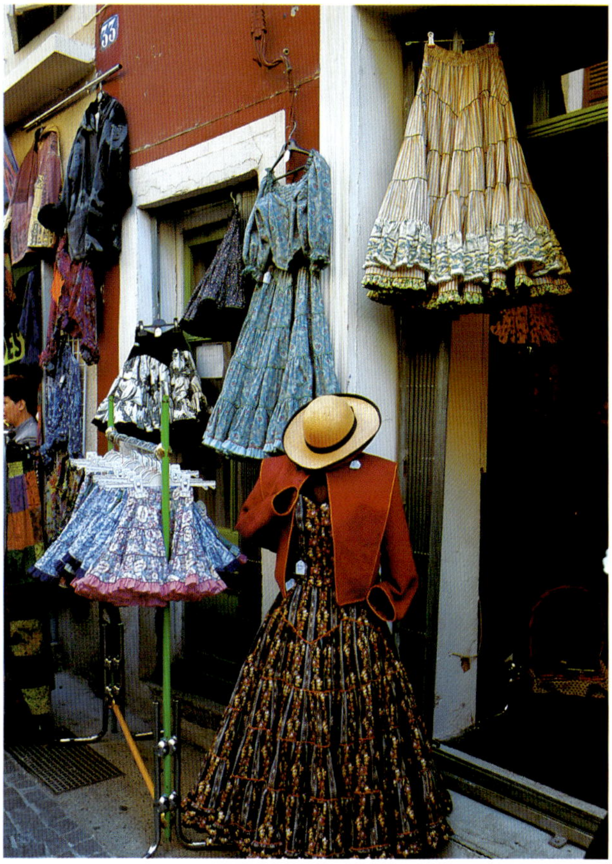

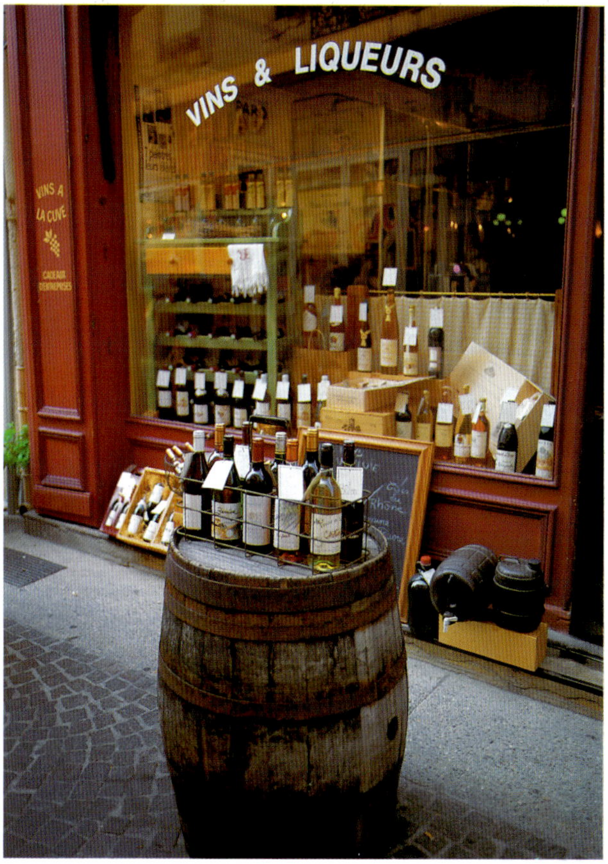
VINS & LIQUEURS
VINS A LA CUVE

Extérieur et intérieur de la Collégiale Notre-Dame-des Anges.

charme tout particulier. Souvent comparée à Venise, et même parfois appelée «la Venise paysanne», elle dresse, orgueilleuse, ses grands platanes donnant une ombre agréables sur les boulevards, et fait «chanter» les roues de ses moulins, couvertes de mousse, dégoulinantes d'eau, qui nous rappellent qu'autrefois elles faisaient tourner les pierres de moulins et pressoirs, et qu'elles étaient à la base d'une industrie vivace.

Une beauté discrète qui s'anime à l'improviste chaque dimanche quand, le long des canaux, les rues se remplissent de bancs et de petits marchés d'objets anciens. On peut dire que L'Isle-sur-la-Sorgue et devenue la capitale des antiquaires de la région et chaque année, le 15 août, s'y déroule une très célèbre foire aux antiquités. Laissant derrière nous le tranquille écoulement des eaux des canaux et prenons les petites rues de L'Isle-sur-la-Sorgue : là, les magasins d'artisanat provençal alternent à ceux d'antiquités, aux boutiques présentents les costumes de la région faisant suite aux magasins vendant la lavande et le miel, les savonnettes et les huiles essentielles. C'est passer d'un parfum à l'autre, d'une odeur délicate à d'autres plus intenses et persistantes.

L'édifice le plus important de la petite ville est sans aucun doute la **Collégiale Notre-Dame des Anges**, un véritable joyau d'art baroque provençal. Sa première construction, sur ordre de l'évêque de Cavaillon, remonte à 1222, mais au cours des siècles elle subit différents remaniements et altérations au point que c'est dans sa forme du XVIIe siècle qu'elle nous apparaît aujourd'hui. C'est un grand contraste de passer de la façade classique au somptueux intérieur baroque, à une seule nef divisée en six travées, oeuvre de l'architecte François de Royes de la Valfenière. On remarquera une somptueuse gloire en bois doré et le maître autel avec son baldaquin de marbre polychrome.

L'Isle-sur-la-Sorgue a bien d'autres trésors à dévoiler : sa massive **Tour d'argent**, appelée aussi Tour Boutin, d'époque médiévale, de plan carré, érigée sur la place du Marché, la **Chapelle des Pénitents bleus**, de trois ans postérieure, la **Chapelle des Ursulines**, de la fin du XVIe siècle et celle de la **Congrégation des Hommes**, du XVIIe.

FONTAINE DE VAUCLUSE

Qui va à Fontaine de Vaucluse, l'un des lieux les plus célèbres du sud de la France?

D'abord tous ceux qui aiment se réfugier dans des endroits solitaires et pittoresques; ceux qui aiment la poésie et qui tentent de retrouver, parmi les vieux remparts du château, l'ombre de Pétrarque, l'écho de ses vers et de son amour pour Laure; les passionnés de phénomènes hydrologiques, puisqu'il s'y déroule, là, à la source de la Sorgue, l'un des spectacles les plus intéressants de la nature. Mais procédons par ordre. L'origine de ce petit centre est liée au nom de saint Véran, qui était évêque de Cavaillon vers le milieu du VIe siècle et qui, selon la légende, aurait libéré la région d'un monstre, un énorme reptile qu'on appelait Coulobre. Vaucluse fut à la fin du Xe siècle le siège d'un prieuré, offert en 1034 à l'abbaye marseillaise de Saint-Victor. Pendant longtemps la ville et le château, aujourd'hui délabré, appartinrent de droit aux évêques de Cavaillon. C'est là que François Pétrarque, invité par son ami Philippe de Cabassol, évêque de Cavaillon, vécut à intervalles plus ou moins réguliers, de 1337 à 1353. C'est là qu'il conçut ses œuvres en latin les plus importantes, c'est là qu'il chanta son

La Sorgue à Fontaine de Vaucluse et la colonne érigée en l'honneur de Pétrarque à l'occasion du cinquième centenaire de sa naissance.

La château qui domine Fontaine de Vaucluse fut la résidence de Philippe de Cabassale, ami de Pétrarque et evêque de Cavaillon.

La façade de la petite église St-Véran.

Musée Pétrarque - Fondé en 1927, ce musée trouve son espace naturel sur la rive gauche de la Sorgue dans ce qui semble avoir été, plus ou moins, la maison où habita Pétrarque.

amour idéal et éternel pour Laure, cet amour qui allait remplir toute la vie du poète, cet amour qui, comme il l'écrivit lui-même, le tint «pendant vingt ans ardent». Pétrarque raconte qu'il rencontra pour la première fois Laure de Noves, épouse de Hugues de Sade à qui elle donna onze enfants, le 6 avril 1327 en l'église de Sainte-Claire en Avignon: le 6 avril également, vingt et un ans plus tard, par une étrange coïncidence poétique, Laure mourait, frappée par la terrible peste noire de 1348. En 1804, une **colonne** fut élevée à Pétrarque, à l'occasion du cinquième centenaire de sa naissance: mais les plus beaux souvenirs du poète sont conservés au petit **musée,** installé dans un bâtiment construit, dit-on, sur le lieu même de la maison habitée par le poète; ainsi Pétrarque n'aurait-il pas résidé au château, aujourd'hui complètement en ruines, ancienne propriété des évêques de Cavaillon. Accroché à une paroi rocheuse, le vieux manoir domine le paysage et les rochers d'où jaillit l'écume de la Sorgue.

Le musée, la colonne et le château sont, avec la petite église du village, les éléments les plus intéressants pour les visiteurs.

L'**église Saint-Véran,** petit édifice roman du XIe siècle, comporte une seule nef, un transept couvert d'un toit transversal et une abside en hémicycle formant une demi-cuvette. Elle est flanquée de deux colonnes de marbre, anciennes, cannelées, avec un chapiteau romain. Mais ici, à Fontaine de Vaucluse, plus encore que les monuments et les œuvres d'art elles-mêmes, c'est la nature qui devient monument et, pourquoi pas, œuvre d'art.

En parcourant une fois encore le chemin du grand poète, qui cherchait dans la solitude l'inspiration à ses plus belles œuvres lyriques, nous voici devant la **source de la Sorgue;** voici finalement «le chiare, fresche e dolci acque...» – «les eaux claires, fraîches et douces...». Au-delà du spectacle majestueux et impressionnant qui se dévoile comme un charme, la Sorgue est l'une des sources les plus riches et les plus abondantes du monde. Il s'agit peut-être de l'aboutissement

LA FABRIQUE DE PAPIER
Le centre artisanal et culturel «Vallis Clausa» fut créé en 1974 surtout dans le but de recréer l'ambiance d'un ancien moulin de pâte à papier.
L'industrie du papier connut, ici à Fontaine, une grand développement : on y comptait six moulins qui employaient 450 ouvriers.
De nos jours, on continue la production d'autrefois grâce à une machine hydraulique à 48 pales, large de deux mètres avec un diamètre de sept mètres, mettant en mouvement un arbre à cames de six mètres; ce dernier, roulant sur lui-même, soulève quinze planches de sapin pesant chacune 75 kilos, renforcée de clous tranchant. Ces planches se lèvent et s'abaissent sur cinq vasques de granit pleines d'eau, déchirant les chiffons qu'elles contiennent, lesquels, à la fin du traitement, qui dure entre 24 et 36 heures, seront réduits en une pâte blanche. A ce moment-là un employé extrait, au moyen d'un châssis de bois tendu sur une trame métallique, la quantité de pâte nécessaire pour une feuille, agite légèrement le châssis en faisant couler la pâte durant quelques instants, puis place la feuille sur un feutre de laine, constituant peu à peu une pile de 100 feuilles et 101 couches de feutre. Cette pile est ensuite pressée et perd de 40 à 60 pour cent d'eau. A partir de ce moment les feuilles sont prêtes pour le séchage et sont pendues sur des séchoirs en perdant encore de leur humidité en se retirant.

d'un immense fleuve souterrain alimenté par les eaux d'écoulement et de pluie déversées sur le plateau de Vaucluse, le Mont Ventoux, le Lubéron et la Montagne de Lure. Le parcours de ce fleuve souterrain, véritable nœud qui relie les différentes ramifications d'un immense réseau hydrique, n'a pas encore pu être identifié, malgré de nombreuses tentatives: citons celle, ancienne, du marseillais Ottonelli en 1869, et celle, plus récente, du commandant Cousteau.

La grotte d'où jaillit l'eau de la Sorgue se trouve au fond d'un hémicycle naturel avec des roches à pic: le débit de la source dépasse les 22 mètres cubes/seconde et l'on assiste à un phénomène extraordinaire; l'eau prend une coloration vert intense, déborde de sa vasque naturelle et se précipite avec fracas contre les roches alentour. A certaines périodes de l'année, en principe entre Pâques et la Pentecôte, le débit des hautes eaux atteint 200 mètres cubes/seconde, ce qui produit un spectacle vraiment impressionnant.

Fontaine de Vaucluse présente enfin une autre curiosité, liée celle-ci à une légende.

La colline qui domine la rive gauche de la source ressemble vaguement à une tête bovine, et porte pour cette raison le nom de «Vache d'or». Pourquoi «d'or»? La tradition veut qu'un trésor inestimable – d'énormes lingots d'or – soit enfoui sous la colline, farouchement surveillé par un esprit-gardien. Si quelqu'un tente de s'approprier ces richesses, le gardien émet en guise de menace des mugissements et des cris perçants qui résonnent dans la profondeur des montagnes.

Les plus audacieux n'hésitent pas à plonger dans les eaux glacées de la Sorgue, à peine sorties de la source.

Dans cette page, ces deux photos, celle du haut et celle du bas à gauche, ont été prises dans la même position, mais dans des saisons différentes. Dans la première, la source est pleine d'eau et la cavité apparaît ainsi, complètement remplie. Dans la deuxième, prise en été, la cavité est au contraire découverte, au point que l'on peut tranquillement s'y baigner. Ci-contre, l'eau de la Sorgue déborde et devient un fleuve impétueux.

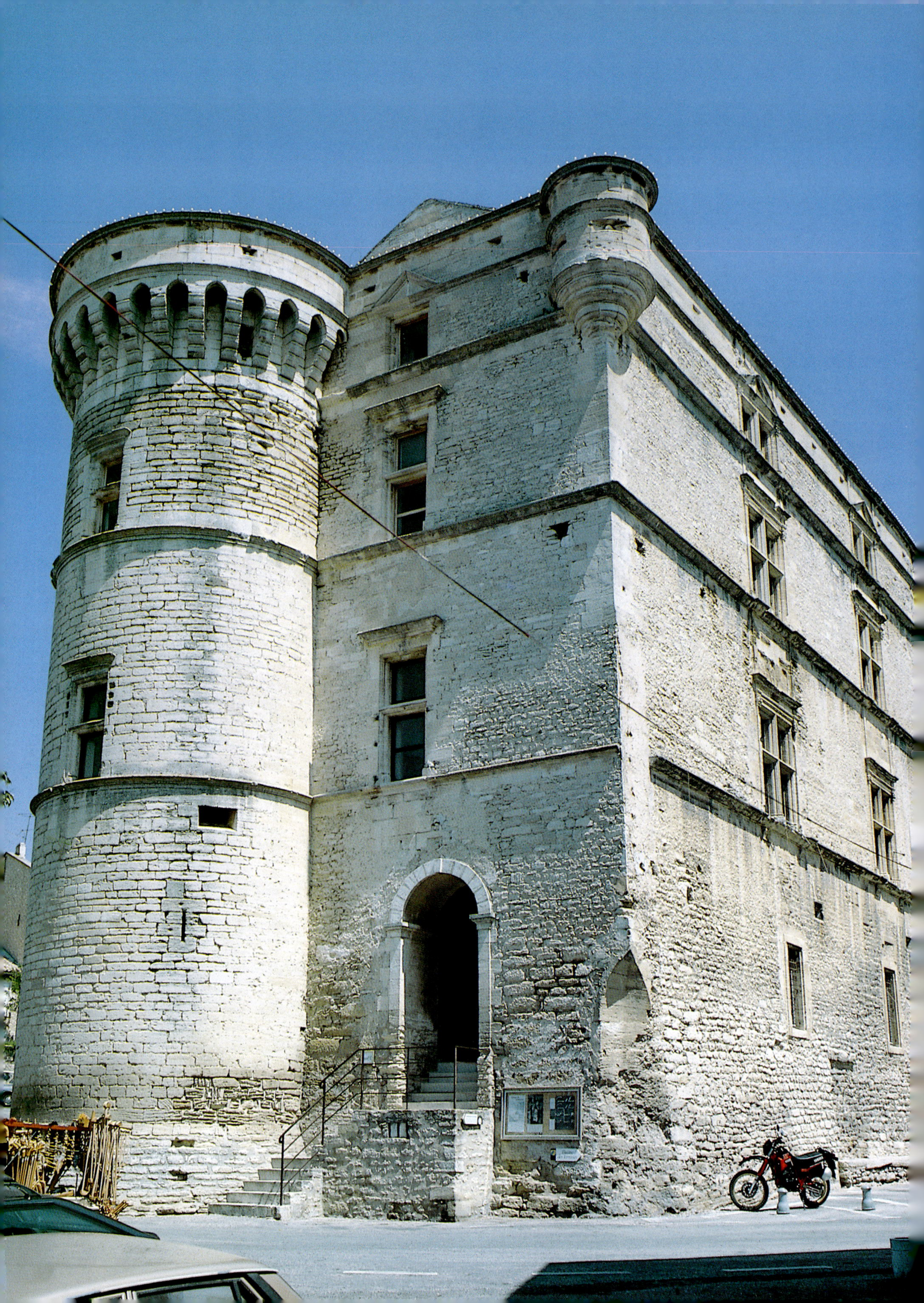

Les belles lignes renaissance du Château de Gordes et une vue panoramique du village.

GORDES

Le village de Gordes se dresse sur un pic rocheux qui domine la plaine du Coulon, avec ses maisons adossées les unes aux autres, dans un désordre pittoresque et plein d'imagination. Pour se défendre contre les invasions et les attaques des ennemis, pendant les années sombres du Haut Moyen Age, il fallut construire les villages sur le sommet des collines. Se promener dans Gordes veut dire aller à la découverte d'endroits pittoresques, de panoramas imprévus et inattendus, de perspectives inhabituelles. Le **Château** nous offre un magnifique point de vue. Il a été construit par Bertrand de Simiane sur l'emplacement d'une forteresse moyenâgeuse du XIIe siècle. Du noyau d'origine il ne reste que deux tours; la forme actuelle, en style Renaissance, remonte à la première moitié du XVIe siècle. La façade nord est caractérisée par deux belles tours rondes couronnées de mâchicoulis, au-dessus desquels se trouve une terrasse; la façade opposée est percée de trois étages de fenêtres. Au premier étage du château, dans une grande salle de 23 mètres de long avec plafond en bois, se trouve une énorme cheminée, sculptée en 1541 à la façon antique et surmontée de treize niches, vides maintenant, mais qui jadis contenaient sans doute des statues. Un autre motif d'intérêt dérive du fait que dans cinq salles du Château est installé le **Musée Vasarély,** inauguré en 1970.

Augustin DUMAY
7e FESTIVAL DE PIANO
LA ROQUE D'ANTHÉRON
du 1er août au 23 août 1987

Le Château avec son ancienne porte d'accès à la cour, une petite rue caractéristique et une typique construction dans le village des Bories.

VILLAGE DES BORIES

A quelques kilomètres de Gordes, sur les pentes du Lubéron, on découvre un ensemble absolument unique et extraordinaire appelé «village des bories» ou «village noir». Les bories sont des cabanes en pierre séchée, à un ou à plusieurs étages, de différentes formes, isolées ou bien regroupées dans des ensembles caractéristiques. Le mot «bories» vient du latin «boaria», terme qui servait à indiquer l'étable des bœufs. Passé dans le patois provençal ce mot désigne ce type de maison rustique. On a compté ici trois mille cabanes et c'est la plus vaste concentration de toute la France. Mais quelle est leur origine? Celles que nous voyons aujourd'hui ont servi d'habitation seulement à partir du XVIe siècle, mais il est hors de doute que ce système de construction remonte à l'âge néolithique. Par ailleurs, comment ne pas trouver des analogies étroites avec d'autres constructions de la zone méditerranéenne comme le nuraghe sarde ou le tholos grec? Comment ne pas penser à la voute en coupole de la «Tombe d'Agamemnon» ou du Trésor des Atrides de Mycènes? La majeure partie de ces cabanes ont été utilisées avant tout comme bergeries ou comme cabanes à outils et seulement en petite partie comme demeures. Dans le cas du «village noir» de Gordes, les cabanes sont groupées autour d'un espace central commun qui servait évidemment aux activités des habitants. Elles sont élevées directement sur le terrain, sans fondations, le mur est épais et n'est percé que d'une porte et de quelques fenêtres. A l'intérieur des cabanes qui ont été habitées, la terre est couverte de dalles et le deuxième étage servait de chambre à coucher. La décoration était réduite à l'essentiel: une cheminée, une table et quelques chaises, objets indispensables à la vie quotidienne des pauvres.

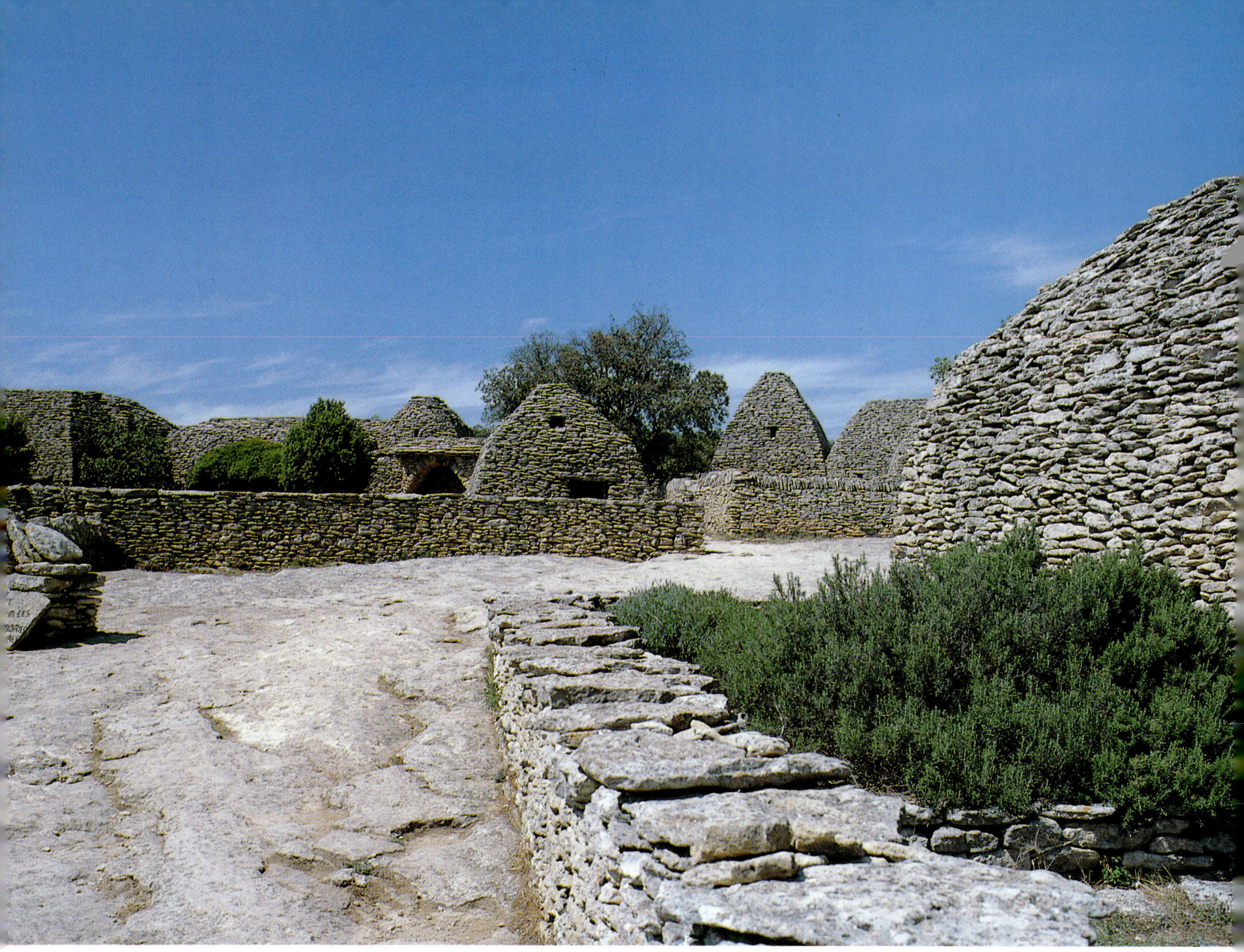

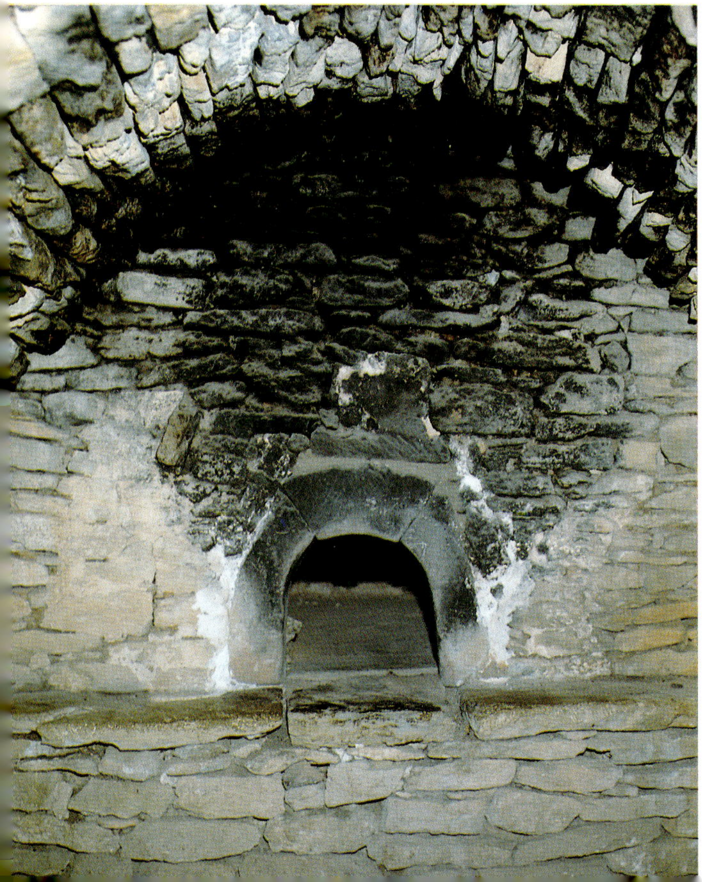

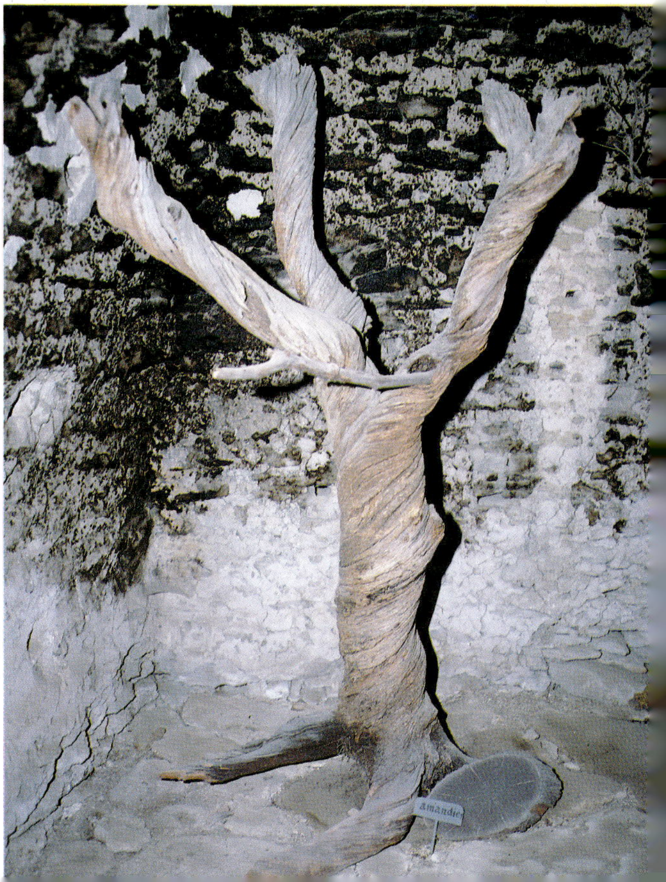

Un raccourci sur le village des Bories, le détail d'un four et un très ancien amandier poussé à l'interieur.

Dans cette page et pages suivantes, quelques vues de l'Abbaye de Sénanque.

ABBAYE DE SÉNANQUE

Fondé à la fin du XIe siècle l'Ordre monastique des Cisterciens rayonna sur tout l'occident chrétien. Cet ordre prit une grande expansion à partir de 1112, quand s'impose une grande personnalité, Bernard de Clairvaux. Bernard voulait que les abbayes soient construites dans des lieux isolés, loin des tentations du monde; dans un esprit de fidélité à cette règle l'abbaye de Sénanque (la dernière de celles qu'on appelle «les trois sœurs provençales» avec Le Thoronet et Silvacane) se dresse dans un vallon solitaire, entourée par une verte forêt. Sa fondation remonte à 1148. C'est l'œuvre de moines venant de Mazan, guidés par Pierre, qui sera le premier abbé de Sénanque et y restera pendant 34 ans. L'abbaye sera très active jusqu'au moment où les guerres de religion infligeront un coup très rude à l'ensemble monastique, incendié en 1544. L'abbaye échappa par miracle à la fureur révolutionnaire; elle fut restaurée et connut une nouvelle période de ferveur. Aujourd'hui la Communauté monastique habite de nouveau l'Abbaye et y mène la vie contemplative cistercienne traditionnelle. La beauté sévère du paysage qui l'entoure fait ressortir l'austérite propre à l'architecture cistercienne: une église en croix latine, à trois nefs et cinq absides, surmontée d'une coupole octogonale à la croisée du transept; la salle du chapitre où les nervures de la voûte partent des piliers centraux assemblés en faisceau; le beau cloître, d'un goût nettement provençal où les arcades se succèdent sans hâte autour d'un petit jardin dominé par un clocher carré; le dortoir des moines, une immense voûte en berceau dépouillée et austère. Dans cette ambiance les cisterciens menaient une vie de travail et de prière, la journée étant rythmée par l'office divin, le tout dans la plus grande simplicité. Grâce à cet esprit de dévouement au prochain et à leur spiritualité, les abbayes s'épanouirent d'une façon incroyable: à la mort de Bernard l'Ordre comptait 350 communautés et à la fin du Moyen Age il y en aura 742, répandues dans toute l'Europe.

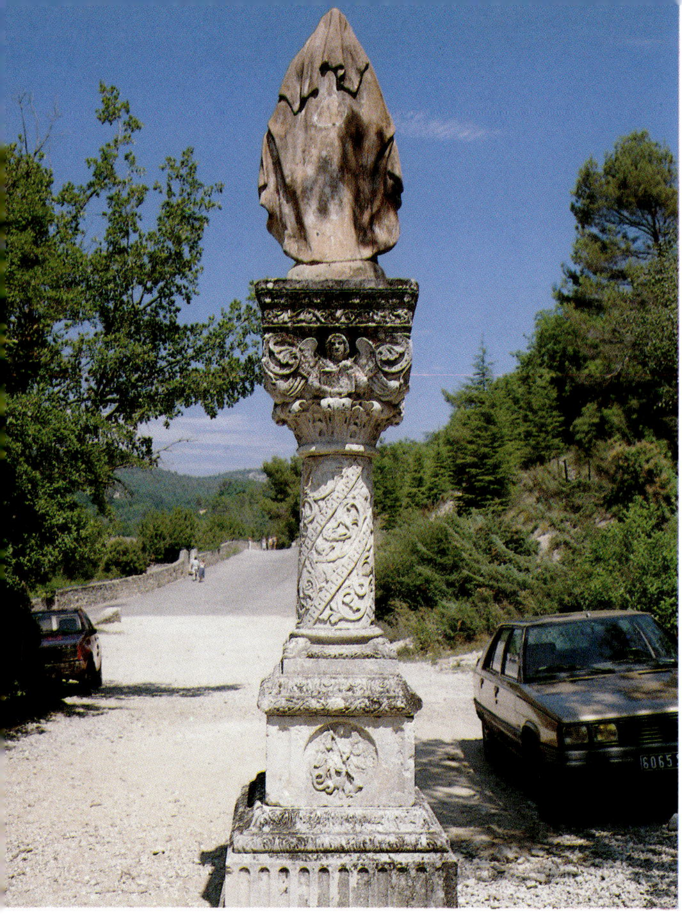

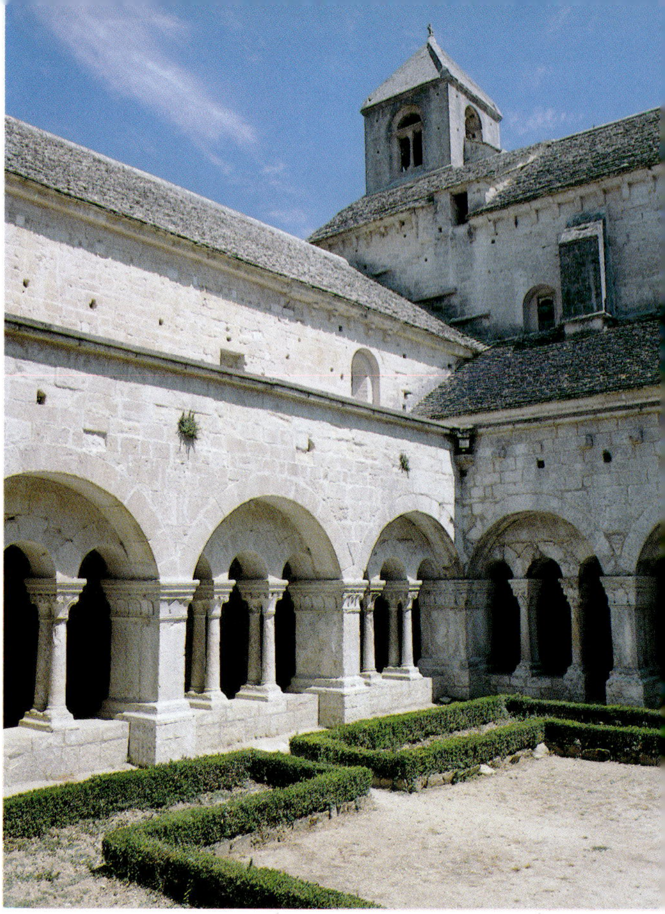

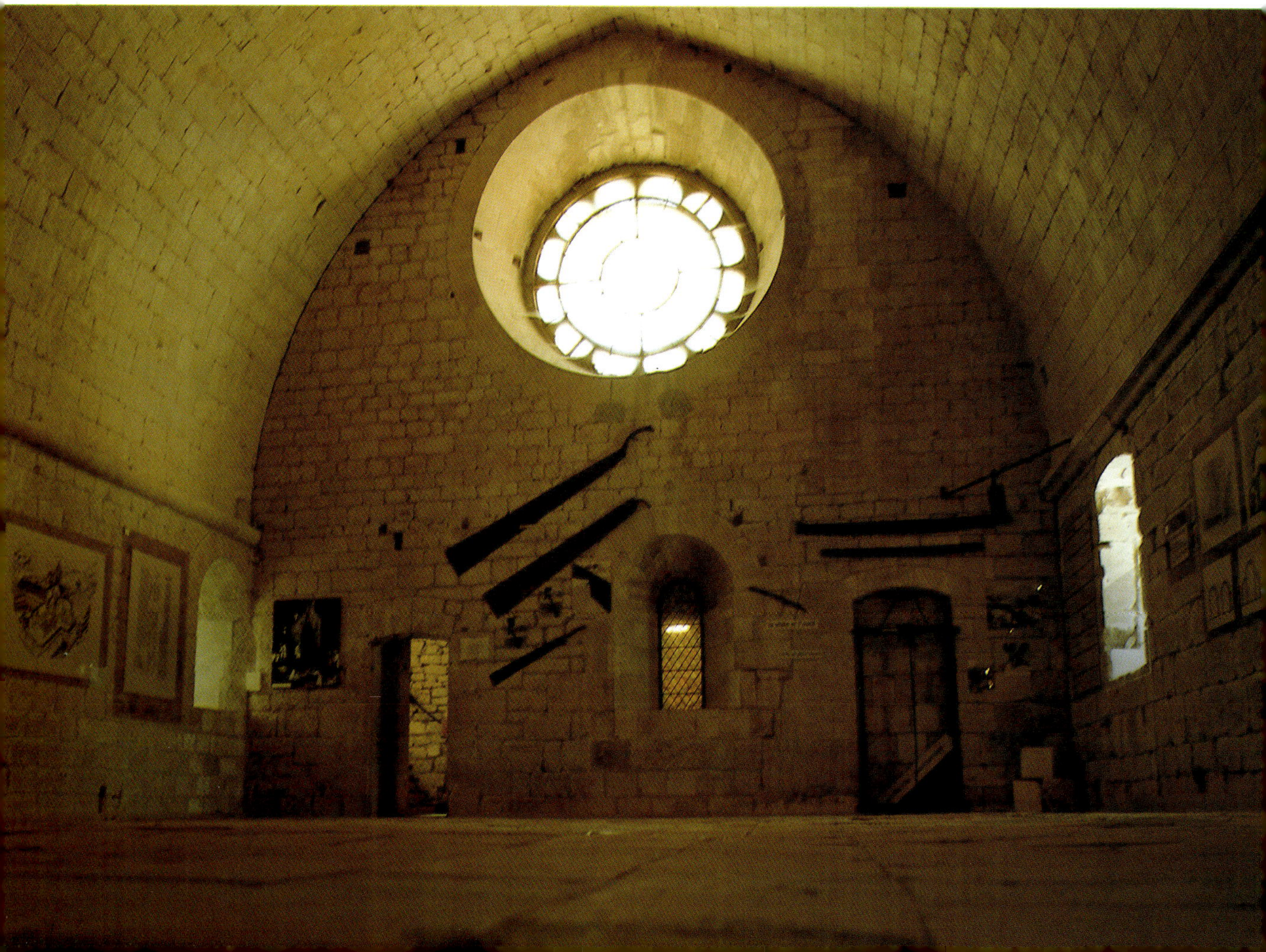

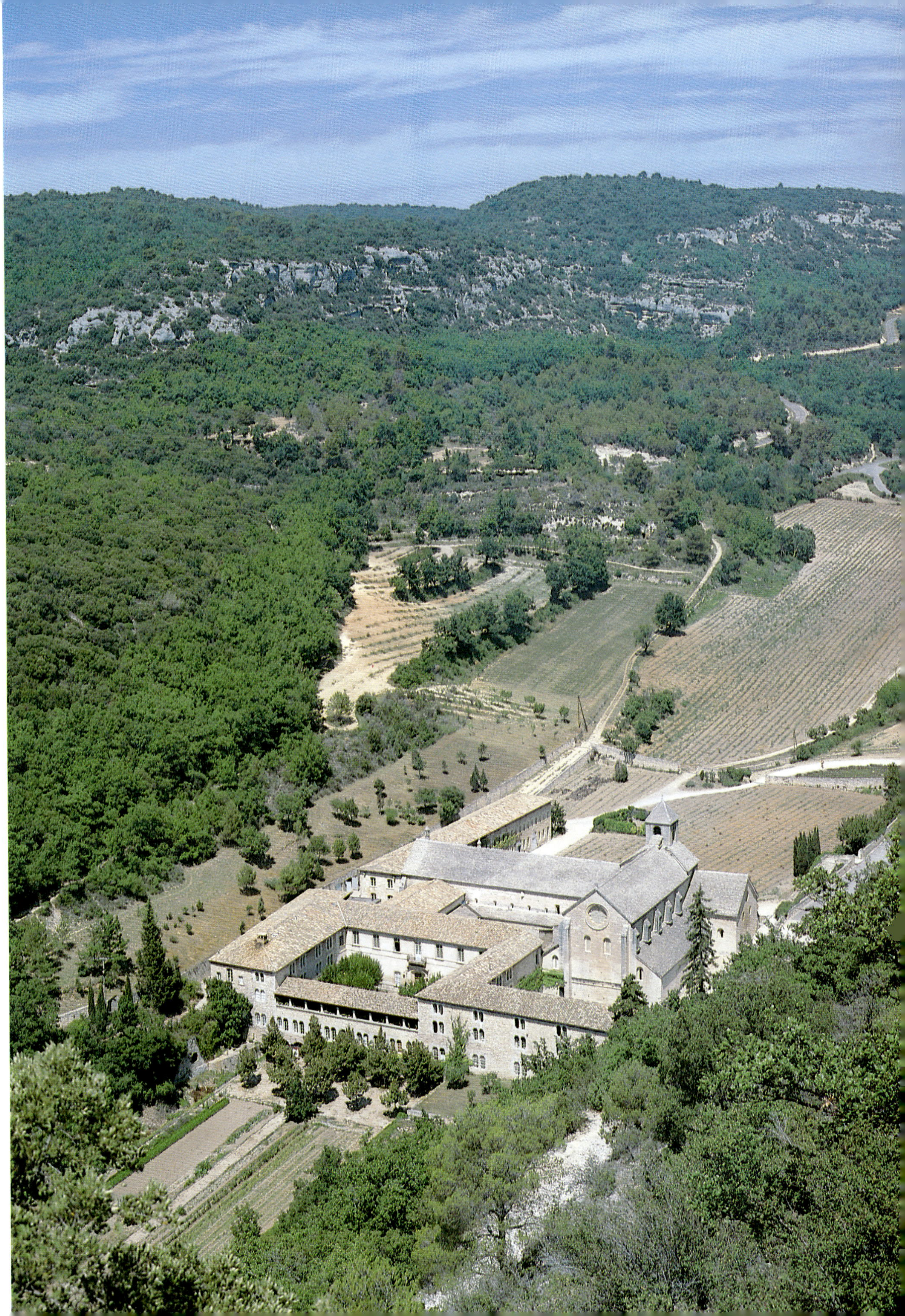

ROUSSILLON

Le Roussillon, la *Vicus Russulus* des Romains, est un éperon rocheux à cheval entre les vallées de l'Imergue et du Coulon. Dès l'Antiquité cette région fut l'un des centres les plus importants pour l'extraction de l'ocre. L'ocre est un composé d'oxyde de fer et de sable argileux, et sa coloration, qui compte au moins 17 nuances, va du blanc doré au jaune clair, du jaune safran au pourpre et jusqu'au marron brûlé. Il fut utilisé, dans la préhistoire, pour tracer des dessins rupestres dans les cavernes. Ce fut surtout à la fin du XVIIIe siècle, sous l'impulsion de Jean-Etienne Astier, que naquît un florissant commerce avec l'Orient, le transport du matériel se faisant à dos de mulet jusqu'à Marseille. Puis, avec le temps, les mines furent de moins en moins exploitées, jusqu'à l'arrivée des couleurs synthétiques qui mit définitivement un terme à cette florissante industrie locale.

Il existe toutefois une légende liée à l'extraordinaire aspect de cette région, c'est celle qui raconte l'amour secret entre Guillaume de Cabestang, page et trouvère, et Sermonde, femme de Raymond d'Avignon, seigneur du Roussillon à la fin du XIIe siècle; cet amour vit le jour au cours des fréquentes parties de chasse de Raymond d'Avignon. Quand ce dernier fut mis au courant de la trahison, il invita le page, le tua, lui tailla la tête et lui arracha le coeur. Rentré au château, il le fit cuisiner et servir à la table de son épouse. Quand il révéla à celle-ci qu'elle avait mangé le coeur de son amant, Sermonde, horrifiée et folle de douleur, courut à travers la pièce, rejoignit le point le plus haut du rocher et se jeta dans le vide. On dit que les amants malheureux furent ensevelis ensemble et que leur sang a teinté de rouge toute la terre environnante.

Vue panoramique.

Instrument d'astronomie installé sur le belvédère du Roussillon.

Le jeu fantasmagorique des couleurs de l'ocre dans le village du Roussillon.

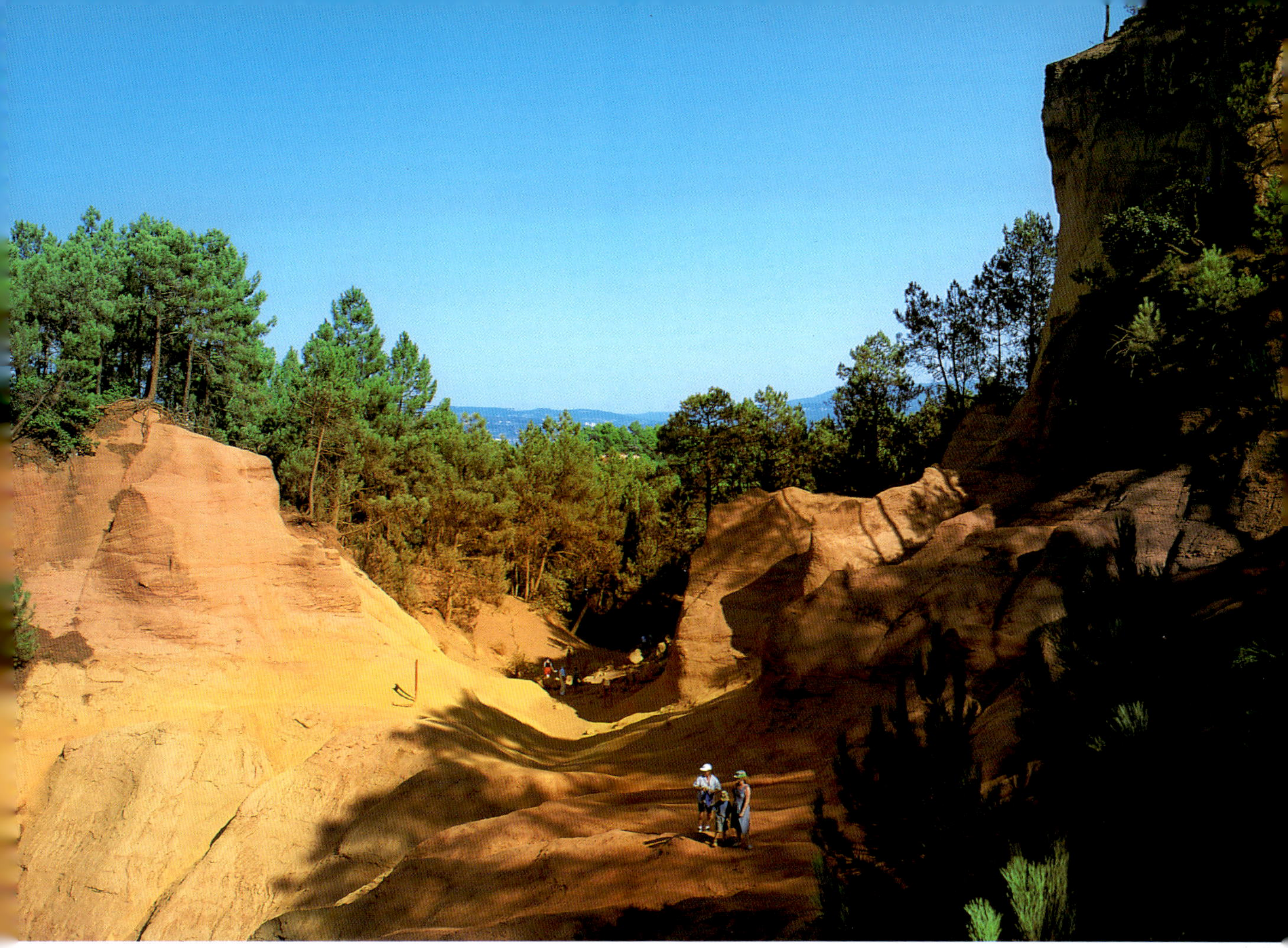

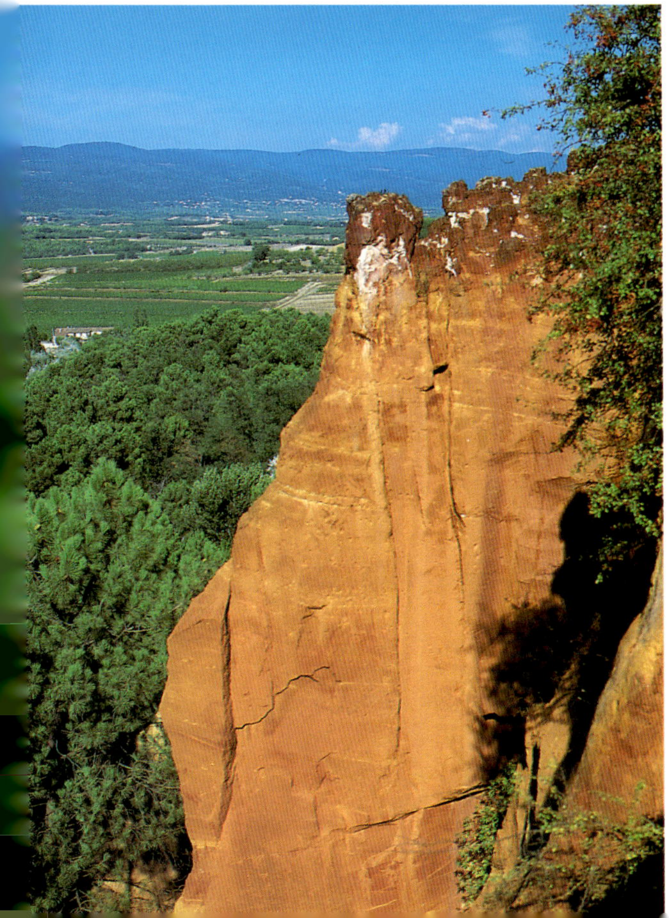

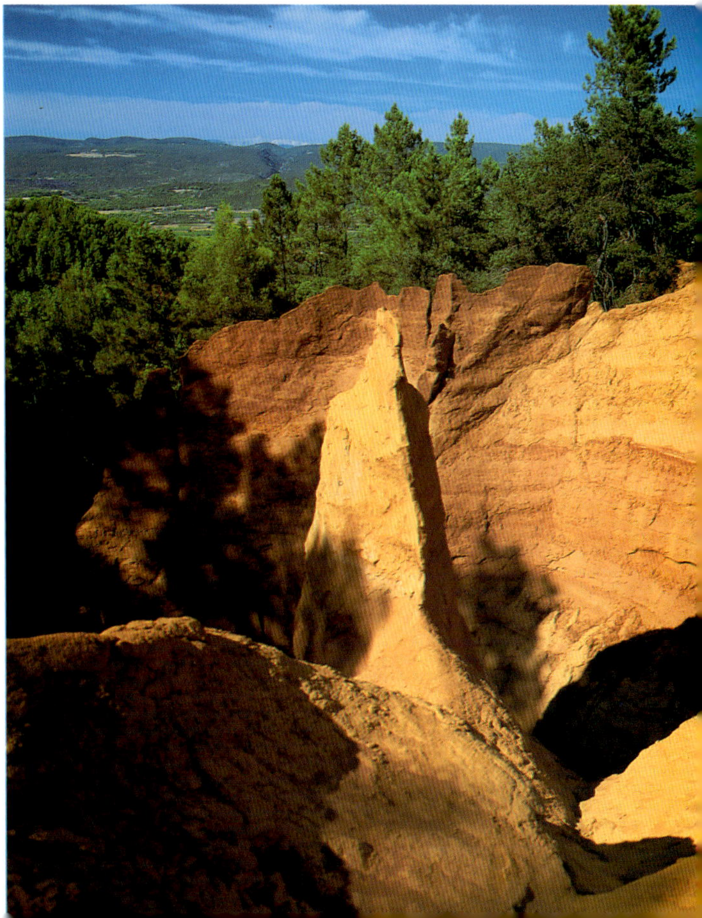

La colline Saint-Jacques vue du centre de Cavaillon.   *L'arc romain et deux images de la Cathédrale.*

CAVAILLON

De nos jours, Cavaillon est l'un des plus grands et des plus importants centres agricoles de France, connu surtout pour ses cultures de melon. Jadis c'était la ville de Cabellio ou plutôt «Cabellio colonia in Cavaribus», comme l'appelle Ptolémée, citant cette ancienne capitale des Cavares. Sur la colline Saint-Jacques, jadis Mont-Caveau, on a trouvé des restes d'implantations de l'âge néolithique; au IVe siècle les Celtes Cavares vinrent s'installer ici, attirés par la position stratégique exceptionnelle de cet endroit, et ils créèrent un oppidum fortifié. Le fait d'être placée au confluent de la Durance et du Coulon a revêtu une grande importance pour la ville qui se serait ensuite développée. Strabon rapporte qu'à l'époque on pouvait traverser la Durance sur des radeaux rudimentaires et des outres en peau de bêtes remplies d'air.
Cavaillon conserve de nombreux témoignages de son passé. Un chemin creusé dans le roc, qui porte encore les traces des roues des chars, remonte à l'époque gauloise. Sur le lieu du culte de saint Véran, évêque de Cavaillon au VIe siècle, a été bâtie la **Cathédrale** **Notre-Dame et Saint-Véran,** entre 1115 et 1125. Elle a été consacrée par le pape Innocent IV en 1251: en style roman à l'origine, elle a été remaniée à l'époque gothique puis agrandie par l'adjonction de chapelles latérales. Tout près d'ici, à l'époque romaine, se trouvait le Forum où le «decumanus» – actuellement disparu – croisait le «cardo maximus» en passant sous un **arc romain** qui a été démonté pierre par pierre en 1880 et transporté place François Tourvel. La partie postérieure de cet arc n'est pas décorée, ce qui permet de supposer qu'à l'origine il était adossé à un édifice. Son plan était sans doute carré, avec piliers aux angles: il comprend maintenant deux arcs en plein cintre et sur les piliers, très décorés, des oiseaux et des papillons se cachent dans le fouillis des feuilles d'acanthe.
Du haut de la colline Saint-Jacques, le panorama est exceptionnel; la vue s'étend jusqu'aux hauteurs du Lubéron. On trouve ici une petite chapelle du XIIIe siècle, à une seule nef, avec abside, proche d'un ermitage habité du XIVe siècle jusqu'à nos jours.

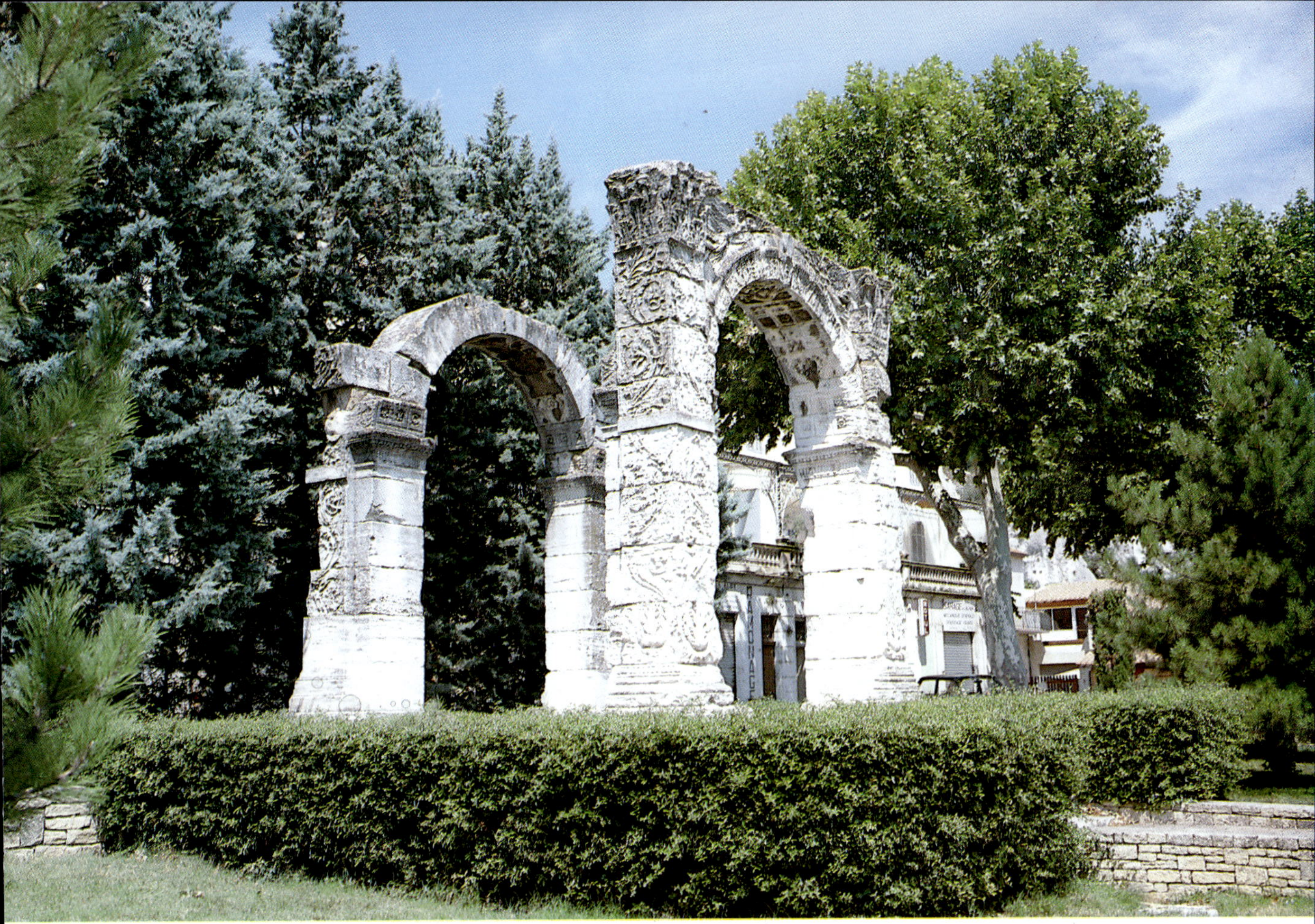

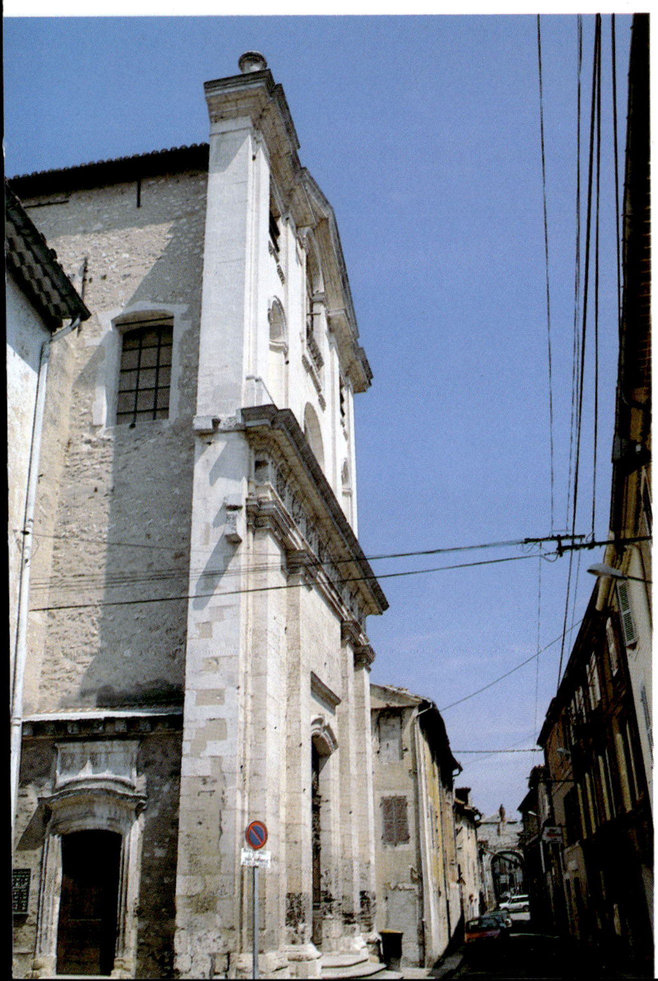

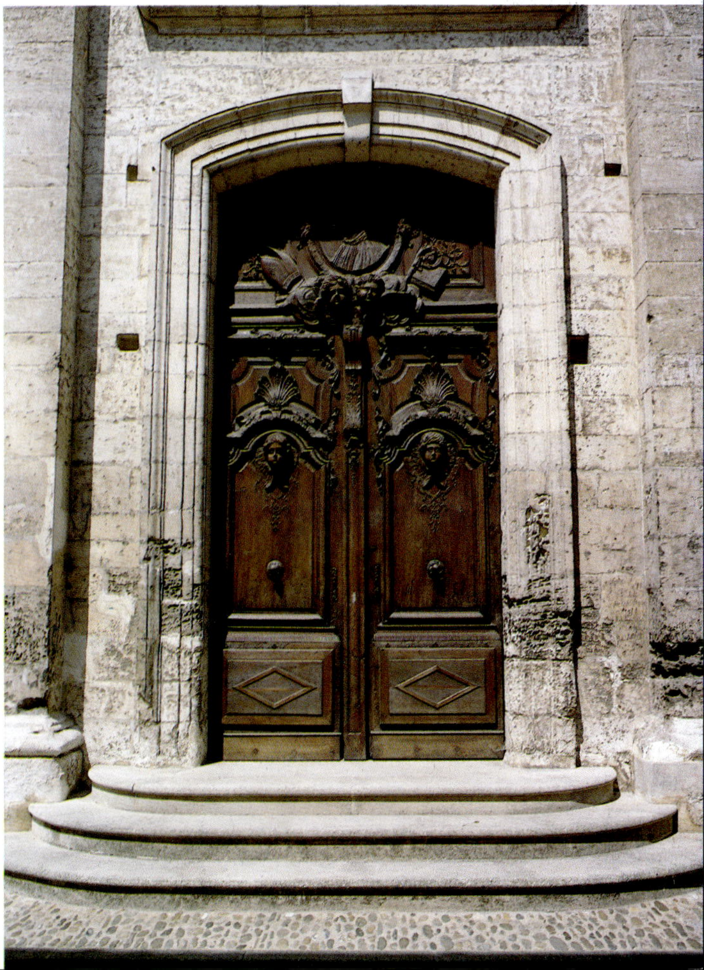

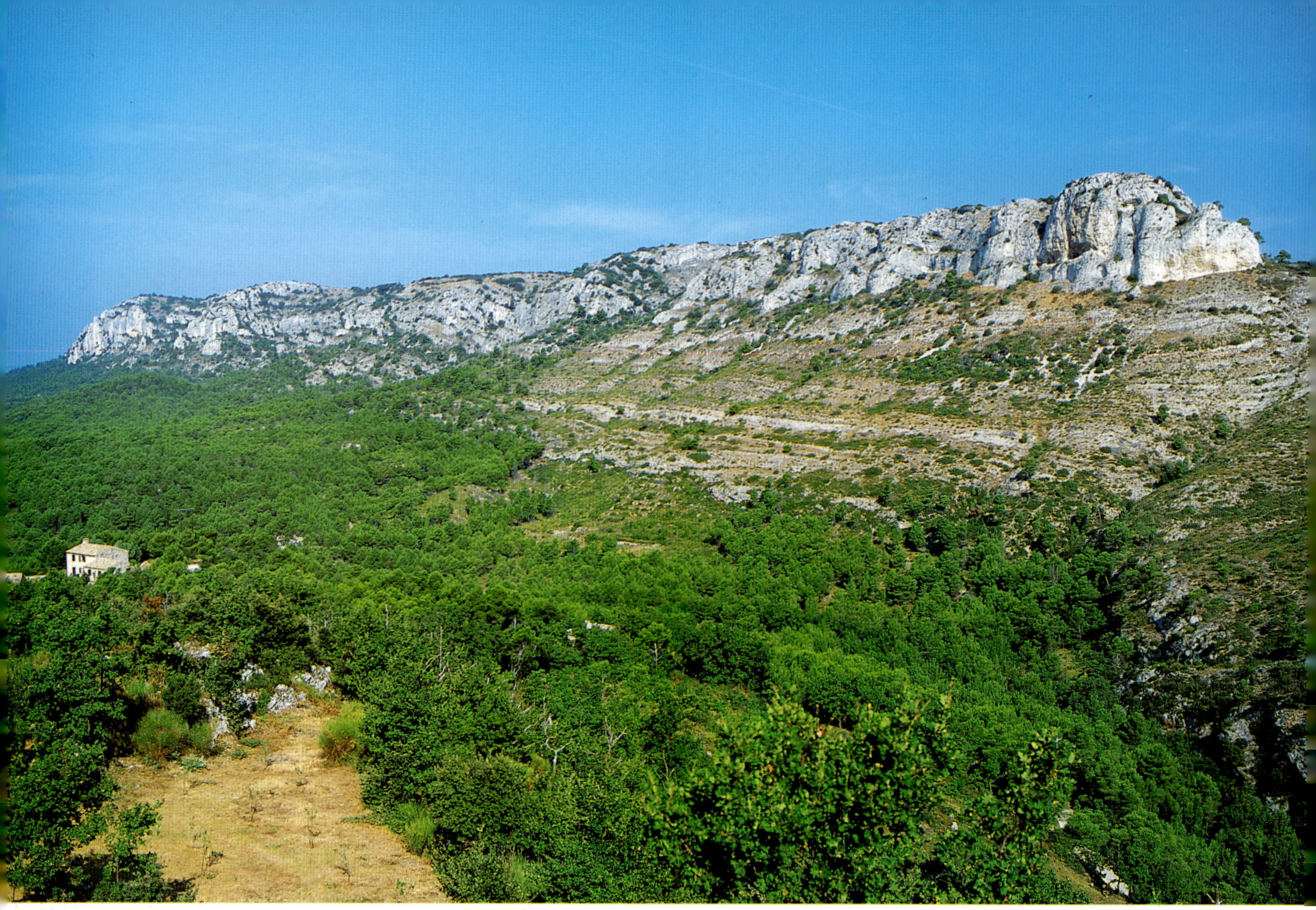

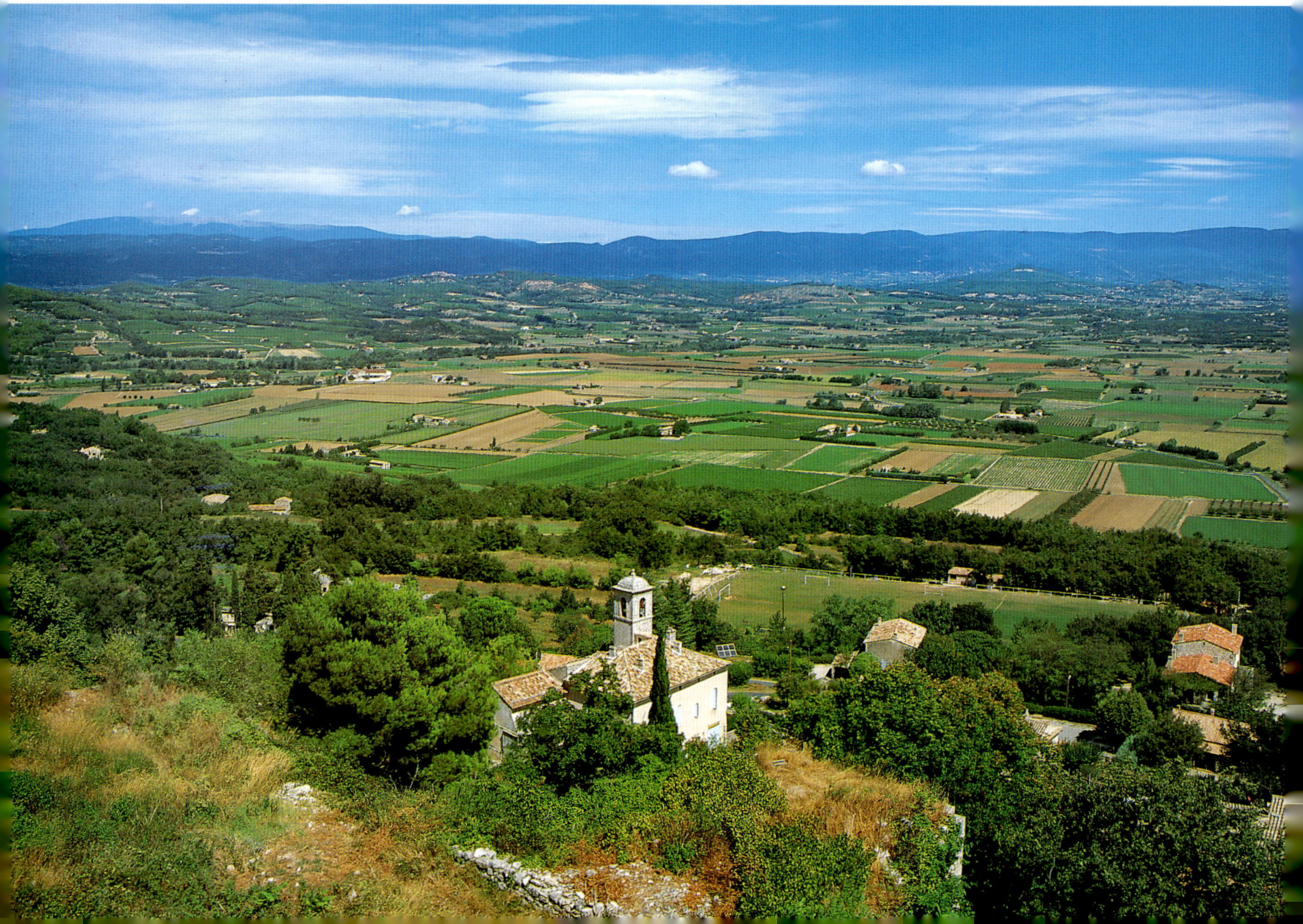

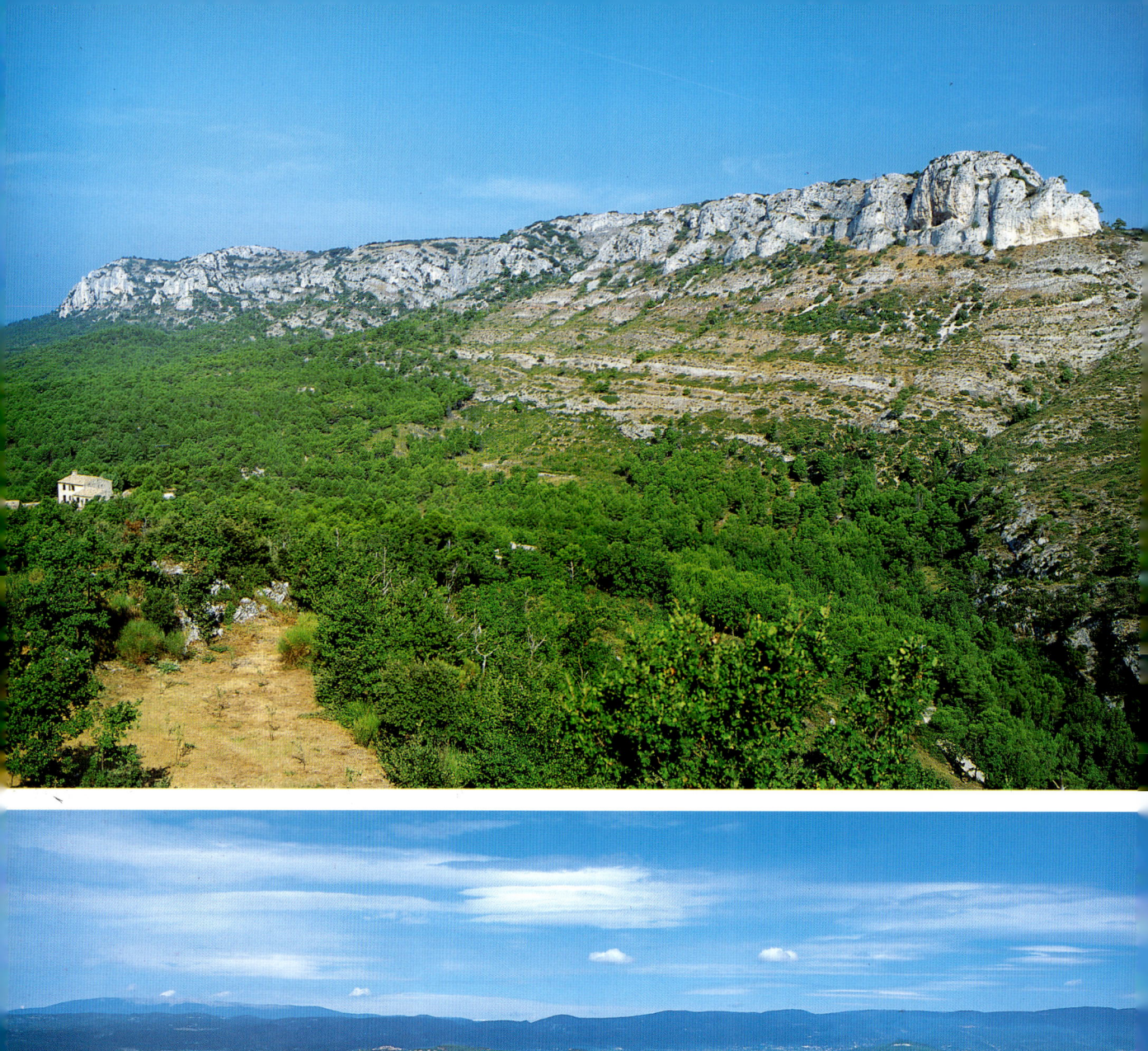

Une vue sur la montagne du Lubéron et un panorama sur la vallée qui s'étend aux pieds du village de Lacoste.

L'élégant palais dit «Le Castelet» dans le village de Ménerbes.

LE LUBÉRON

Du point de vue géologique et géographique, le Lubéron est une large chaîne de collines de roches calcaires, formée plus ou moins à la même époque que les Pyrénées, c'est-à-dire il y a quarante millions d'années.

La chaîne de montagnes du Lubéron s'étend de Cavaillon jusqu'à la Vallée de Manosque et est divisée, par la faille de Lourmarin, en deux parties égales, le Grand Lubéron et le Petit Lubéron. La vallée qui la délimite au nord est baignée par le Cavalon et par le Coulon, au sud par la Durance. Son altitude est très variée : à l'ouest un douce série de collines qui atteignent à peine huit cents mètres alors qu'à l'est la cime le plus haute est celle du Mourre Nègre avec ses 1125 mètres.

Les paysages du Lubéron sont, eux-aussi, très variés. Sur le versant nord, de pittoresques villages grimpent et s'étirent le long d'éperons rocheux, chacun dressant son clocher, chacun avec son château dominant la vallée et rappelant un passé de guerres, de sièges et d'incursions. Le versant sud, au contraire, est plus doux, plus intime, plus recueilli, plus préparé à accueillir les verts espaces qui s'ouvrent sur les courbes indolentes de la Durance.

MÉNERBES

L'ancienne Machovilla dont parle Grégoire de Tours se dresse sur la cime d'une colline. Citadelle de foi calviniste, elle fut assiégée de septembre 1577 à décembre 1578 par une armée catholique forte de presque dix mille hommes. C'est aux catholiques que l'on doit la construction du château actuel, en 1581. Cclui que l'on appelle aujourd'hui **Le Castelet**, juste au-dessous d'une belle église de style gothique, est plus une demeure seigneuriale qu'une véritable forteresse.

Ménerbes est aussi très connu parce que, le long de la route qui porte à Bonnieux se trouvent l'un des rares dolmens de toute la Provence, appelé le Pitchuno, pesant au moins une dizaine de tonnes.

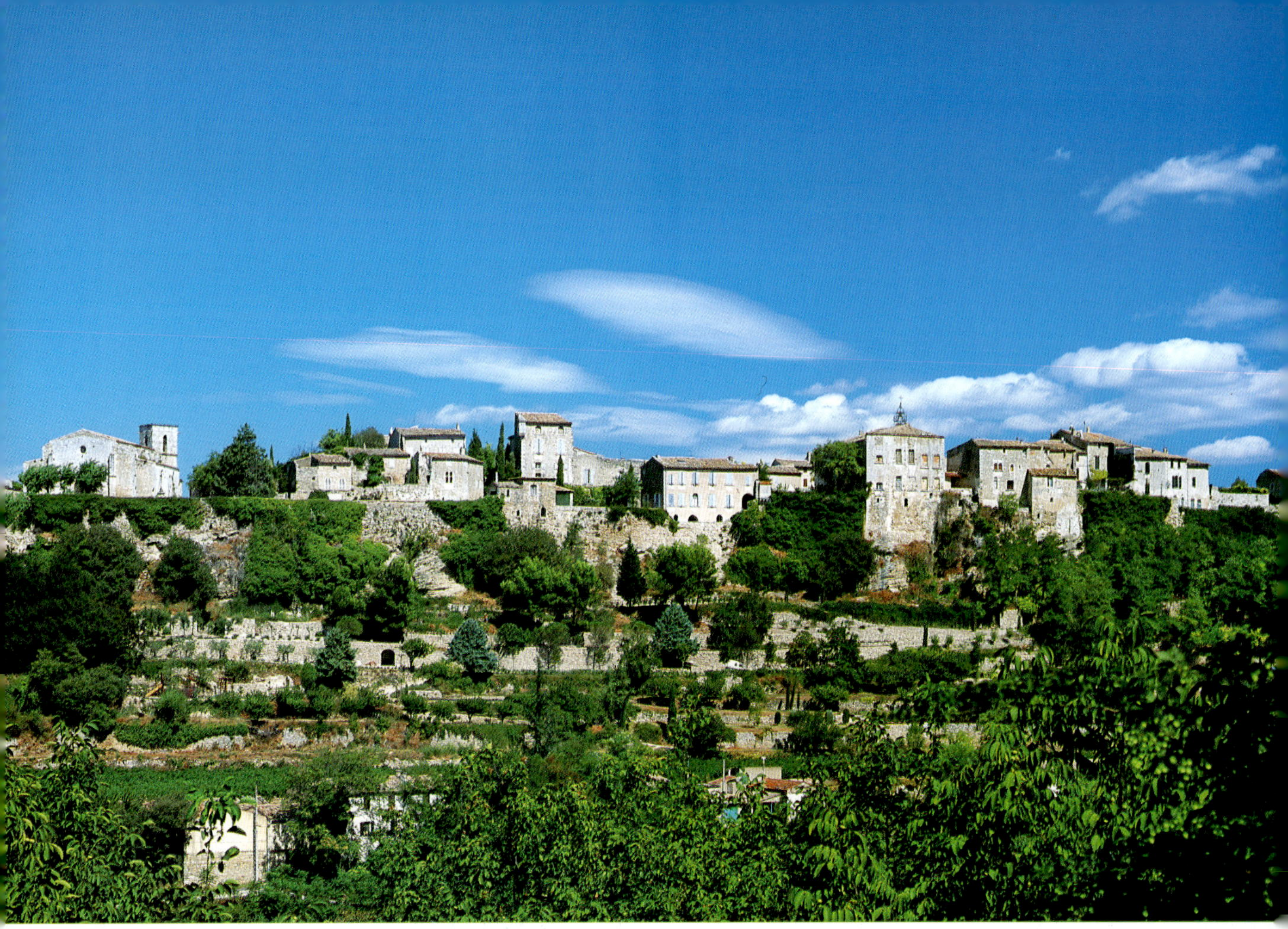

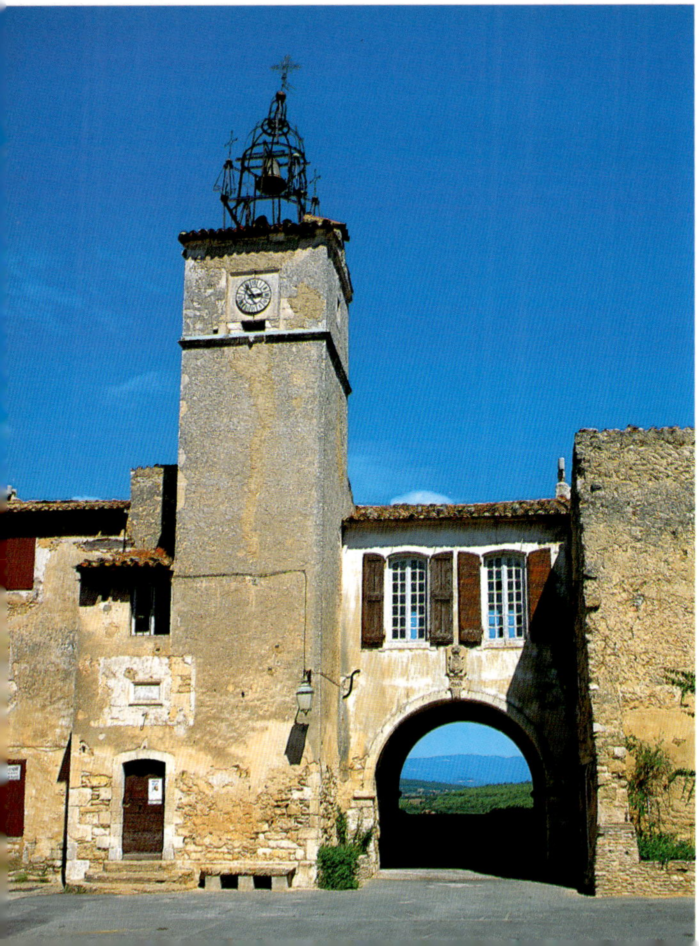

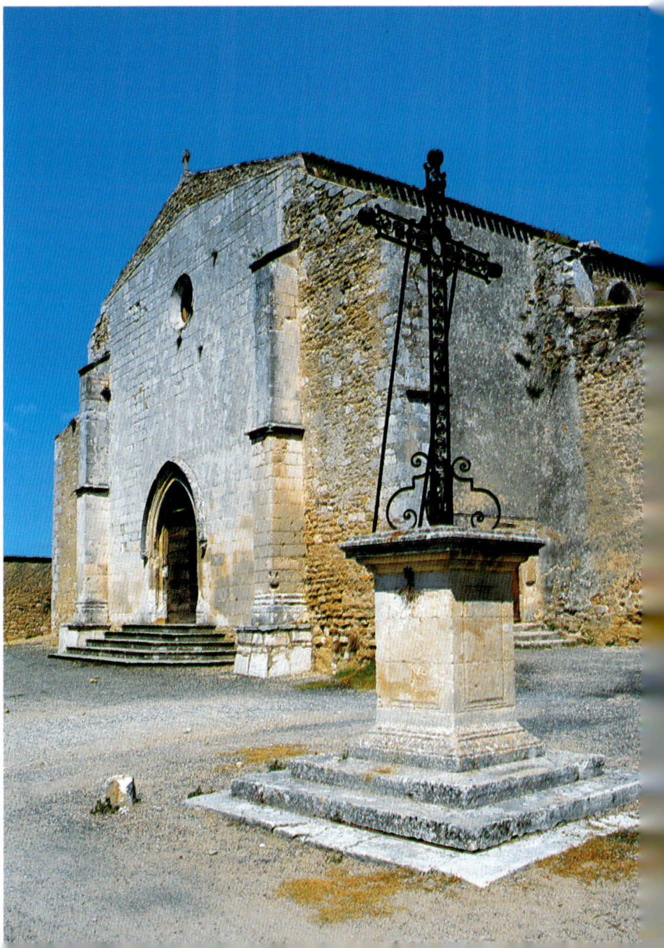

Ménerbes - Panorama du village, un détail de l'enceinte fortifiée et l'église gothique.

Lacoste - Deux images du village et un raccourci des ruines du Château.

LACOSTE

Situé face à Bonnieux, on peut dire que Lacoste est l'un des plus intéressants villages de la région à cause de ses rues grimpantes, pavées à l'ancienne, de ses élégantes demeures affichant des portails sculptés, de ses élégantes fenêtres et de ses fines tours. Mais grande partie de sa célébrité lui vient du fait que son **château**, aujourd'hui en ruine, fut habité par le «divin» marquis de Sade, fuyant sa prison parisienne, en 1771, et réfugié ici jusqu'en 1778, dans un exil d'où il regagnait fréquemment Marseille ou l'Italie. Le château, qui lui servit de modèle dans les Cent Vingt Journées de Sodome, comptait encore, en 1778, presque cinquante pièces et un pont-levis.

Du sommet on jouit d'un merveilleux panorama sur la région.

BONNIEUX

L'ancien nom de ce village qui domine tout le paysage alentour, était Mitrone. Sa position particulière lui donna, autrefois, non seulement le contrôle du passage de la Vallée de la Durance, mais le protégea aussi des différentes et nombreuses bandes de brigands et autres fléaux typiques de l'époque, dont la peste n'était pas l'un des moindres. Au sommet de la colline, à l'emplacement d'un ancien oppidum, on a élevé une église ombragée par un cèdre. A quelque distance de Bonnieux nous pouvons admirer l'un des ponts gallo-romains les mieux conservés de la région, le **Pont Julien**, construit en dos d'âne, long de 68 mètres, avec trois arcades qui sautent le Calavon, et qui reliait l'Italie du nord à Arles à travers les Alpes.

APT

Avant la conquête romaine, une tribu célto-ligure, les Vulgientes, établit sa capitale ici, lui donnant le nom de Hath. Après la conquête de 40 av. J.-C. la ville s'appela Apta Julia et l'on y construisit un forum, des thermes et un amphithéâtre. Apt doit sa célébrité à sa **cathédrale**, fondée par saint Auspicio, évêque et martyr, sur le lieu où se dressait un temple romain. En effet, la cathédrale conserve une relique de sainte Anne, mère de la Vierge; il s'agit du «voile de sainte Anne» qui fut retrouvé à l'occasion d'un miracle, qui eut lieu le jour de Pâques 776, en présence de Charlemagne. En réalité, il s'agirait d'un morceau d'étoffe musulmane du XIe siècle offert par un calife Fatimide à des Croisés.

ANSOUIS

Parmi toutes les histoires et traditions de cette région celle liée au château d'Ansouis est l'une des plus belles et des plus touchantes. C'est dans ce château, en effet, que vécurent saint Elzéar et son épouse Delphine de Sabran. Delphine de Sabran, qui avait fait vœu de chasteté, avait accepté de se marier à condition que son époux fasse le même vœu. C'est ainsi qu'ils vécurent une vie de mortifications et de charité envers les autres, accomplissant des prodiges et des miracles, au point qu'Elzéar, qui mourut en 1325, fut canonisé par le pape Urbain V. Le **château**, très austère mais d'une grande unité architectonique, fut restructuré plusieurs fois. Les jardins à la française sont vraiment splendides, se développant harmonieusement sur plusieurs étages avec des cyprès, des pins, des alignements de buis. De nos jours, le château est habité et entièrement meublé et décoré avec goût par les propriétaires actuels. La salle où les barons d'Ansouis rendaient la justice fut transformée en église, on peut la voir à quelques pas du château, avec son entrée sévère surmontée de barbacanes.

Bonnieux - Panorama du village.

Apt - Un raccourci de la Cathédrale.

Ansouis - Vue générale du village, la façade de l'église et l'entrée au Château.

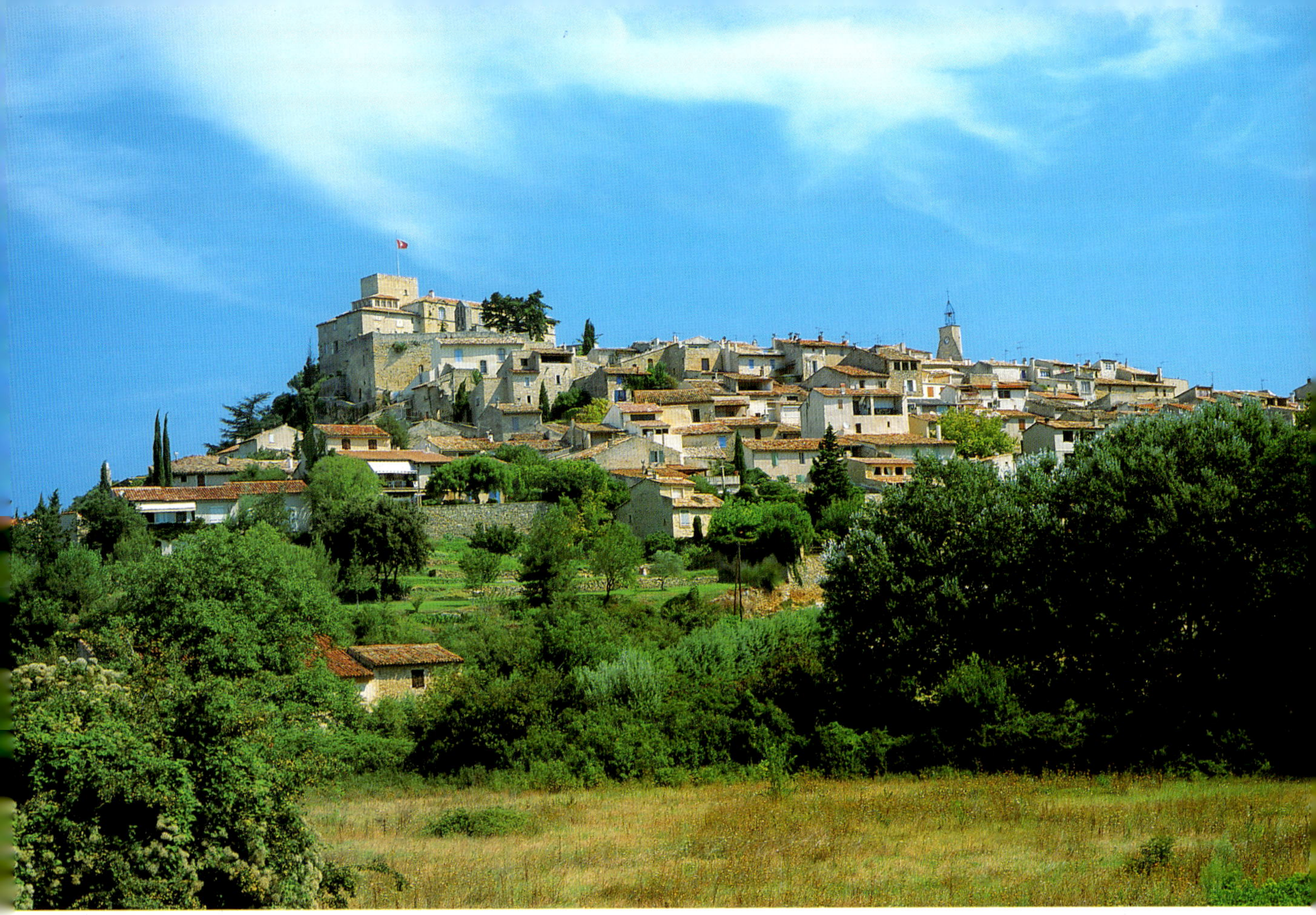
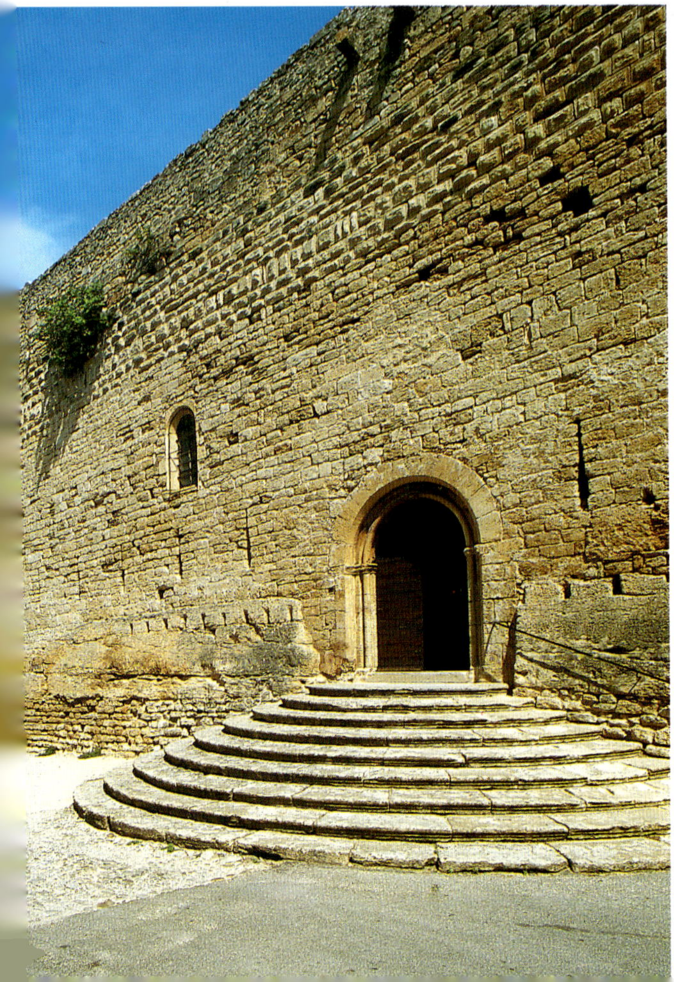
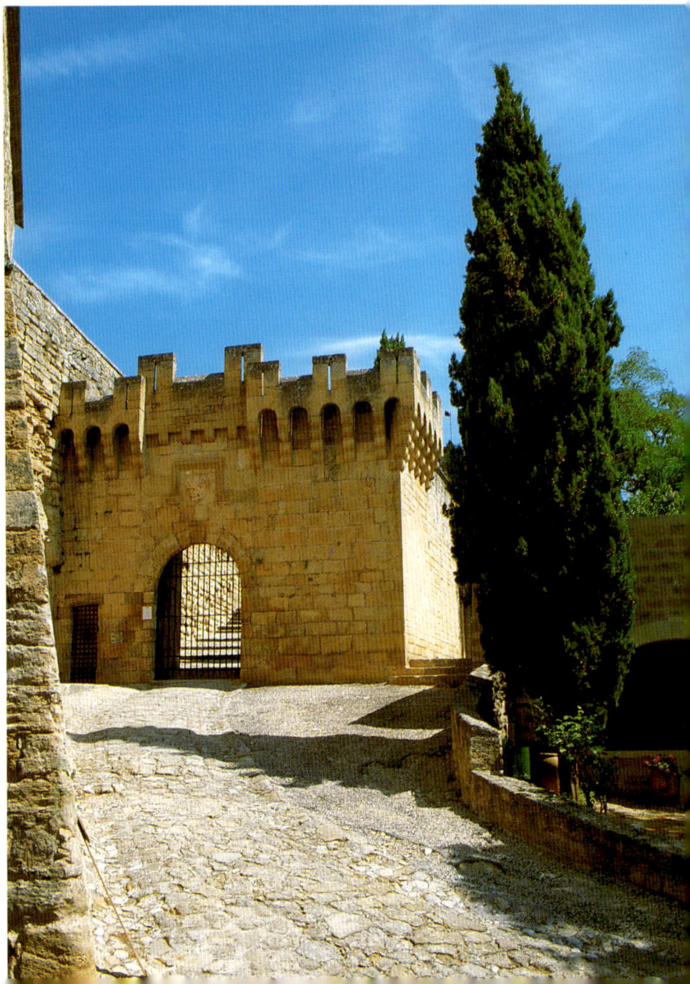

Lauris - Une vue du Château du XVIIIe siècle.

Cadenet - La statue d'Amy, représentant André Estienne, le Tambour d'Arcole.

LAURIS

Les deux murs d'enceinte qui avaient défendu autrefois le village de Lauris, ont complètement disparu. Celui-ci est cependant encore dominé par un solide **château** du XVIIIe siècle. Dans les rues du village, on peut voir de belles façades de demeures seigneuriales, des portails décorés et des fontaines.

CADENET

Capitale de la tribu ligure des Caudellenses, la petite ville de Cadenet est la patrie du célèbre Tambour d'Arcole dont la statue, qui se trouve sur la place principale, est l'oeuvre du sculpteur Amy.
C'est un épisode rappelé dans tous les livres d'histoire: en 1796, les Français, en guerre contre les Autrichiens, avaient dressé leur camp près du pont d'Arcole; l'issue de la bataille était incertaine, quand un jeune Tambour, traversant le fleuve à la nage, sonna la charge une fois sur la rive opposée. Les Autrichiens se croyant attaqués par derrière, et encerclés par l'ennemi, s'enfuirent précipitamment laissant le pont aux mains des Français.

Lourmarin - Une vue générale du village et l'imposant Château.

LOURMARIN

Vue de la route, ce village donne déjà une impression de grande sérénité et de beauté. De la verdure répandue dans la vallée se dresse presque timidement un clocher puis l'on aperçoit les toits rouges et discrets des maisons. Non loin des maisons, fidèle gardien du village, un beau **château** de la Renaissance dont le début de la construction remonte au XVIe siècle. Il fut complètement restauré en 1920 par Robert Laurent-Vibert qui le décora de meubles provençaux et espagnols anciens et de peintures d'écoles italiennes.

Cette région fut habitée dès le néolithique, puis à l'époque gallo-romaine. Ce furent les bénédictins de Saint-André de Villeneuve qui fondèrent le premier village.

Dans le petit cimetière de Lourmarin se trouve la tombe d'Albert Camus, l'un des meilleurs écrivains et philosophe du siècle, prix Nobel de littérature en 1957, lequel trouva paix et sérénité dans ses dernières années à Lourmarin, avant de mourir dans un accident de voiture le 4 janvier 1960.

La façade raffinée de l'Abbaye de Silvacane.

ABBAYE DE SILVACANE

Avec Sénanque et Le Thoronet, Silvacane est la troisième abbaye cistercienne de Provence, et peut-être la plus raffinée de celles que l'on a appelé «les trois Sœurs provençales».

Son nom dérive du lieu où elle fut édifiée, une forêt de bambous (silva cannorum); en effet, elle se trouvait dans une zone malsaine de marais où vinrent habiter, au Moyen Age, un groupe de chrétiens qui souhaitaient conduire une vie de pénitence et de travail. Vers 1144, arrivèrent, de Morimond, quelques moines de l'ordre cistercien (fondé par Robert mais dont la plus grande figure est Bernard de Clairvaux). L'abbaye qui, en 1193 devait être probablement déjà terminée, jouit tout de suite des faveurs et des bénéfices des familles nobles et des seigneurs de Provence. L'abbaye et ses possessions s'agrandirent tellement qu'en 1289 les bénédictins de Montmajour organisèrent un complot ayant pour but de détacher Silvacane de l'ordre cistercien. Ce fut une lutte sévère à laquelle ne manquèrent pas les malversations des seigneurs locaux et qui vit une terrible ondée de froid, en l'hiver 1364, qui brûla tous les oliviers et toutes les vignes qui faisaient la richesse de l'abbaye. Dès le début du XVe siècle, l'église était pratiquement abandonnée et la vie monastique disparue. Les restaurations de l'abbaye commencèrent seulement en 1949.

Bien que cette église appartienne complètement à l'ordre, cistercien qui interdit tout ornement décoratif et architectonique qui puisse distraire de la prière, l'impression qui s'en dégage est de grâce et d'harmonieux raffinement.

L'**extérieur** nous révèle la division en trois parties, rythmée de larges contreforts. Les nefs de l'intérieur sont séparées par de solides piliers cruciformes avec des demi-colonnes adossées. A la hauteur du transept s'ouvrent quatre chapelles carrées. L'ordre cistercien défendit aussi l'érection de clochers en pierre, mais cela fut exceptionnellement permis afin de freiner le mistral et éviter ainsi la propagation d'éventuels incendies à des structures en bois.

Les édifices conventuels, comme le réfectoire, la salle du chapitre et la bibliothèque s'ouvrent sur un cloître, lui aussi entouré de robustes piliers carrés soutenant des arcades en plein cintre.

SALON-DE-PROVENCE

L'ancienne *Salo* tire peut-être son origine de l'oppidum St-Pierre-de-Canon, où furent retrouvées des monnaies romaines du premier siècle. Situé sur les bords de la Crau, Salon devint, à l'époque romaine, une étape importante sur la voie Aurelia et un centre commercial pour le sel. Durant le Moyen Age, commence, dans la plaine qui entoure Salon, l'élevage des chèvres et des moutons. Parallèlement se développe le commerce de l'huile, de la laine et des peaux, et naissent les premières grandes foires et marchés. Au XVIe siècle, l'ingénieur du roi Henri II, Adam de Craponne, fait dévier, à travers un canal, les eaux de la Durance jusqu'à Salon. Le canal, inauguré le 20 avril 1559, fertilisa ainsi la Crau et depuis ce temps, les oliviers, les pâturages et les vignes font partie intégrante du paysage de Salon.

La prospérité de Salon s'accroît encore avec le temps. Le commerce de l'huile devient tellement important que Salon s'impose aussi comme l'un des centres les plus renommés pour la production du savon, ayant jusqu'à douze usines pour la fabrication de ce produit.

Le souvenir de l'ancienne richesse de cette ville n'est pas encore éteint; nous nous en rendons compte en nous promenant dans ses rues étroites ou en faisant une petite sieste, à l'ombre d'un parasol, sur une petite place.

Par la **Porte de l'Horloge**, du XVIIe siècle, avec sa tour surmontée d'un clocher en fer forgé, nous pénétrons dans un dédale de petites rues qui forment le centre, le coeur, de Salon et qui nous conduisent jusqu'à une petite place fermée comme une scène de théâtre par l'**église Saint-Michel**, romane, avec un tympan sculpté et un clocher agrémenté d'arcades.

Après quelques pas, arrivés au sommet d'un escalier qui grimpe sur le rocher de Puech, nous trouvons le **Château de l'Empéri**, érigé entre le Xe et le XIVe siècle, agrandi au XVIe et transformé en caserne au XIXe. Il abrite aujourd'hui le *Musée de l'Empéri*, avec ses intéressantes et curieuses collections d'art et d'histoire militaire.

Dans la cour, d'époque renaissance, se déroule chaque année le festival de Salon.

Salon-de-Provence - La Tour de l'Horloge.

Le Château de l'Empéri et deux images du Musée.

LE CHATEAU MUSEE DE L'EMPERI

Juché sur un formidable socle rocheux dominant la ville, le château de l'Empéri est l'un des plus imposants monuments de Provence. Fief des seigneurs archevêques d'Arles sous la suzeraineté des empereurs romains-germaniques (d'où son nom), il fut édifié du Xe au XIVe siècle et complété au XVIe par une belle galerie sur arcades.

Le musée présente les Collections Raoul et Jean Brunon, les plus riches de France, aujourd'hui nationales, consacrées à l'histoire militaire française depuis Louis XIV. La belle architecture des 30 salles du château et leur diversité ont permis une parfaite mise en valeur des 10.000 pièces authentiques exposées: uniformes colorés, armes, étendards chargés d'histoire, peintures, décorations, etc. Plus de 140 mannequins dont 18 à cheval, illustrent les plus beaux uniformes de trois siècles d'histoire de France dans des mises en scène spectaculaires. La période napoléonienne, très importante, occupe une grande partie de la visite.

La qualité et la richesse de ses collections le placent parmi les dix plus importants musées d'histoire militaire du monde.

LE MUSÉE GRÉVIN DE PROVENCE

Place des Centuries, devant le bel escalier conduisant au Château d'Empéri, a été installé le Musée de cires de Provence qui, en seize scènes, raconte l'histoire de cette région. La première scène que nous trouvons présente l'installation des Grecs, fondant les premières villes le long de la côte méditerranéenne, dont Nice, Arles et Antibes, à partir de 600 av. J.-C. On passe ensuite à l'an 102 av. J.-C. quand le général romain Mario, lance l'attaque décisive contre les teutons, près de la montagne Saint-Victoire. On passe à Glanum (nous sommes alors en 10 av. J.-C.), important centre commercial sur la voie Aurelia et, scène IV, aux Saintes-Maries-de-la-Mer. Peu à peu, à travers les différentes scènes, passent devant nos yeux l'histoire de la Provence avec les épisodes et les personnages de la littérature, parmi lesquels Pétrarque, à Fontaine de Vaucluse, en 1337. Encore un épisode, encore un personnage célèbre, celui évoqué dans la scène XIII, la Crau, en 1870, avec Mireille, l'héroïne du roman de Mistral. Et avec Frédéric Mistral voici l'autre grand écrivain provençal, Alphonse Daudet.

Musée des Cires de Provence - Personnages et épisodes célèbres dans l'histoire de la région : Laure et Pétrarque, Mireille et Alphonse Daudet.

Maison de Nostradamus - Le détail de Nostradamus dans l'une des scènes reconstruites à l'intérieur du Musée et, au-dessous, l'entrée de la maison où il vécut et mourut.

LA MAISON DE NOSTRADAMUS

Dans la maison dans laquelle habita Michel de Notredame, alias Nostradamus, de 1547 jusqu'à 1566, année de sa mort, a été installé un intéressant musée qui, en dix scènes et avec l'exposition d'objets et de documents anciens, explique et illustre les moments principaux de la vie de cet insigne personnage, véritable homme de la Renaissance dans son besoin insatiable de vérité et de connaissances. Michel de Notredame était né à St-Rémy-de-Provence le 14 décembre 1503. Médecin, expert en astrologie et en prédictions astrales, quand il se transfère à Salon, en 1547, il est déjà célèbre pour avoir trouvé des remèdes et des recettes contre la peste et autres maladies. Les personnages de l'époque qui furent intéressés à sa science mystérieuse et occulte, et qui vinrent lui rendre visite, sont nombreux et illustres; parmi ceux-ci nous trouvons, en 1564, Catherine de Médicis et son fils Charles IX. En 1555, il publia les premières Centuries et trois ans après l'édition complète des Prophéties. Les Centuries sont écrites sous forme de quatrain avec des verses de dix syllabes en Français du XVIe siècle. Il s'agit d'une sorte de description prophétique des temps à venir. Chaque événement est toujours indiqué exactement dans l'espace mais jamais dans le temps, ainsi chacun peut interpréter ces vers énigmatiques comme mieux lui semble.

MUSÉE DE SALON ET DE LA CRAU

Il se trouve dans une belle maison du XIXe siècle en style provençal. Ce Musée illustre, dans ses différentes sections, l'histoire de la région et ses traditions populaires. On y voit aussi des collections d'archéologie, d'ethnographie et d'histoire naturelle. Au rez-de-chaussée est présentée une maquette, de quinze mètres carrés, animée de jeux de sons et lumières évoquant l'histoire du territoire depuis ses plus lointaines origines. Ensuite, sont présentées les différentes activités rurales et domestiques de la région de la Crau, l'art religieux et quelques exemples de peinture de l'école provençale du XIXe siècle. On y admire surtout des oeuvres de Théodore Jourdan, né en 1833 et mort en 1908, qui, dans ses toiles, su magistralement évoquer la simplicité et la fraîcheur d'un monde disparu. Au sous-sol, on peut voir la section d'Histoire naturelle, riche de plus de sept cents exemplaires d'oiseaux et autres animaux, tous représentés sous forme de diorama. Toujours à cet étage, nous pouvons admirer l'intéressante section dédiée à la fabrication et au commerce du savon de Marseille. Sévèrement réglementé par un édit de Colbert, de 1688, l'industrie du savon fut florissante pendant longtemps. On peut voir aussi de nombreux exemplaires de savons avec leur marque de fabrication, leurs étiquettes, les machines pour les fabriquer, des incisions et des reconstructions illustrant le savon.

Musée de Salon et de la Crau - Une huile de Théodore Jourdan, portant le titre «Chevrière et son âne», peint en 1904 et deux vitrines avec objets et documentation relatifs à l'industrie du savon.

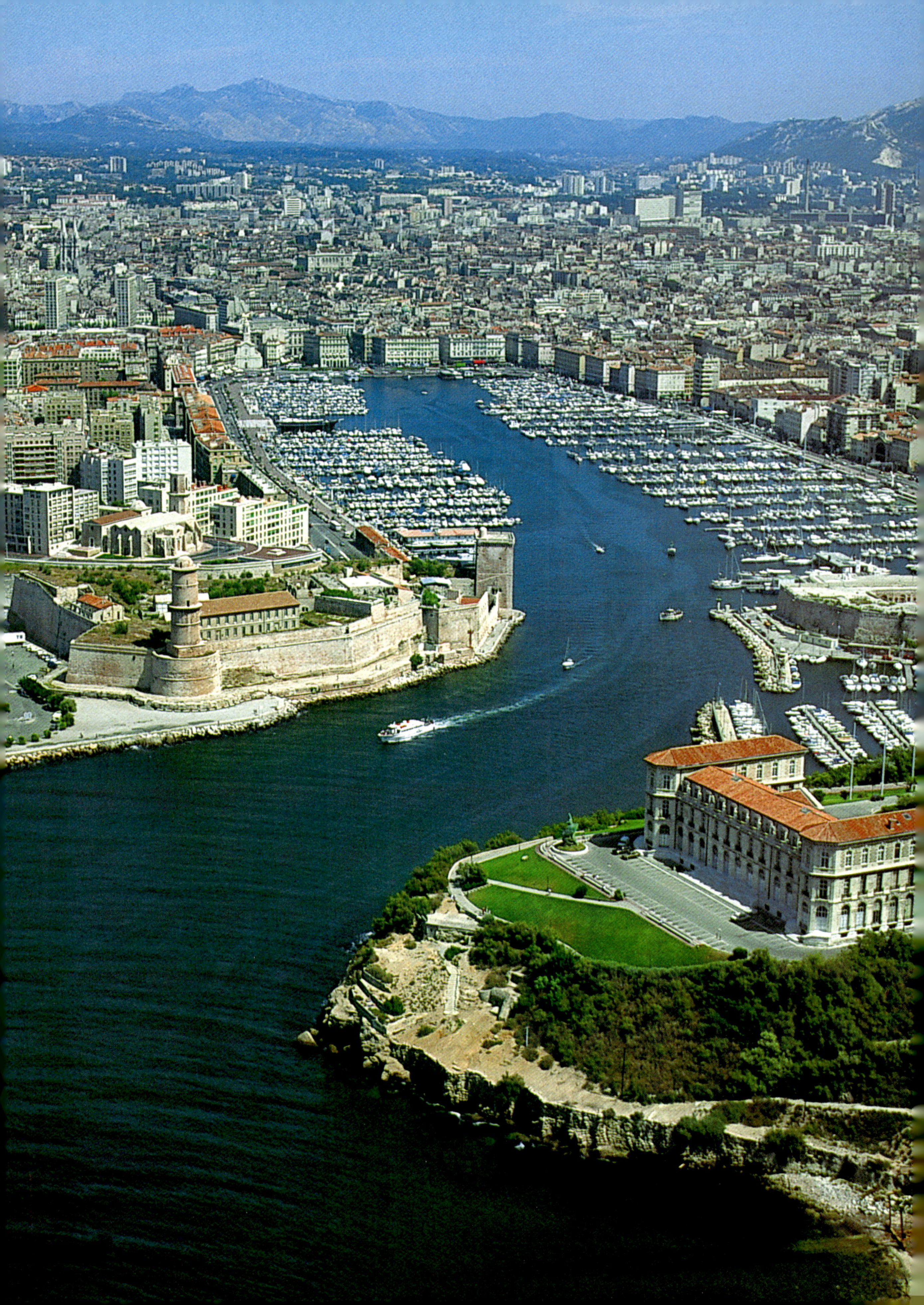

MARSEILLE

Fondée par les Grecs de Phocée en 600 avant notre ère, la ville s'est développée autour du port naturel qui avait vu s'installer les toutes premières populations. A l'heure actuelle, le **Vieux-Port** reste une des principales curiosités de la ville phocéenne avec ses bateaux de pêche, ses marchands de poisson quai des Belges et ses restaurants typiques. Le quai, construit en 1512 puis agrandi en 1855, est l'une des promenades préférées des Marseillais.
Les **forts Saint-Jean** et **Saint-Nicolas** commandent l'accès au Vieux-Port. Le premier fut édifié pour défendre l'accès nord, la plus ancienne porte de la ville; le second, plus récent, est l'une des plus belles citadelles de Provence mais ne fut jamais utilisé à des fins défensives.
L'**abbaye de Saint-Victor** compte parmi les édifices religieux les plus vieux de Marseille. Elevée au Ve siècle sur les tombes de martyrs chrétiens (dont probablement celle de saint Victor), elle a fait l'objet d'agrandissements et de modifications au cours des siècles: de la construction de l'église supérieure à l'ajout des nefs, à la fortification décidée par le pape Urbain V jusqu'aux travaux de restauration entrepris au XXe siècle. Vouée depuis toujours au culte des martyrs, l'église accueille chaque année la célébration de la Chandeleur à laquelle est liée la fête des "navettes" - des biscuits traditionnels qui, dit-on, ont la forme de la barque qui amena ici les premiers évangélisateurs.
La Major est le nom qui désigne deux églises construites au même endroit: la plus ancienne, en style roman, remonte au Ve siècle mais fut saccagée par les Sarrasins et reconstruite au XIe et au XIIe siècle; la seconde, due aux architectes Vaudoyer et Espérandieu, fut bâtie à compter de la seconde moitié du XIXe siècle en style byzantin avec de belles pierres de taille et des marbres italiens. Cet édifice imposant est aujourd'hui la cathédrale de Marseille.
L'église **Saint-Vincent-de-Paul** (ou des Réformés) fut édifiée au cours du XIXe siècle sur l'emplacement de

Vue aérienne du Vieux-Port avec, au premier plan, le palais du Pharo.

Notre-Dame-de-la-Garde vue d'avion.

l'église des Augustins Réformés. Avec ses flèches gothiques, elle domine la **Canebière**, la célèbre avenue de près d'un kilomètre qui descend jusqu'au Vieux-Port. Autre promenade préférée des Marseillais, la Canebière sert de théâtre au marché aux fleurs, très caractéristique, et à la célèbre foire aux santons, à l'approche de Noël.

Construite dans un style romano-byzantin par Jacques Henri Espérandieu, **Notre-Dame-de-la-Garde** se dresse à l'emplacement d'une ancienne chapelle - dont le nom évoquait déjà la vigie maritime au sommet de la colline - qui devint un lieu de pèlerinage et au-dessus de laquelle François Ier avait fait édifier une chapelle qui fut consacrée au XVIe siècle. Elle-même consacrée en 1864, la Bonne Mère - comme l'appellent affectueusement les Marseillais - dresse sa puissante silhouette dans le ciel de Marseille qu'elle domine.

L'Hôtel de Ville, construit en pierre rose, remonte au XVIIe siècle et se tient sur le Vieux-Port; sur sa façade principale on voit un buste de Louis XIV tandis que la façade nord possède un beau portail en bois sculpté datant de 1679.

Le fort Saint-Jean et le fort Saint-Nicolas.

Notre-Dame-de-Confession, que l'on appelle également la Vierge Noire, dans l'abbaye de Saint-Victor.

La cathédrale de la Major.

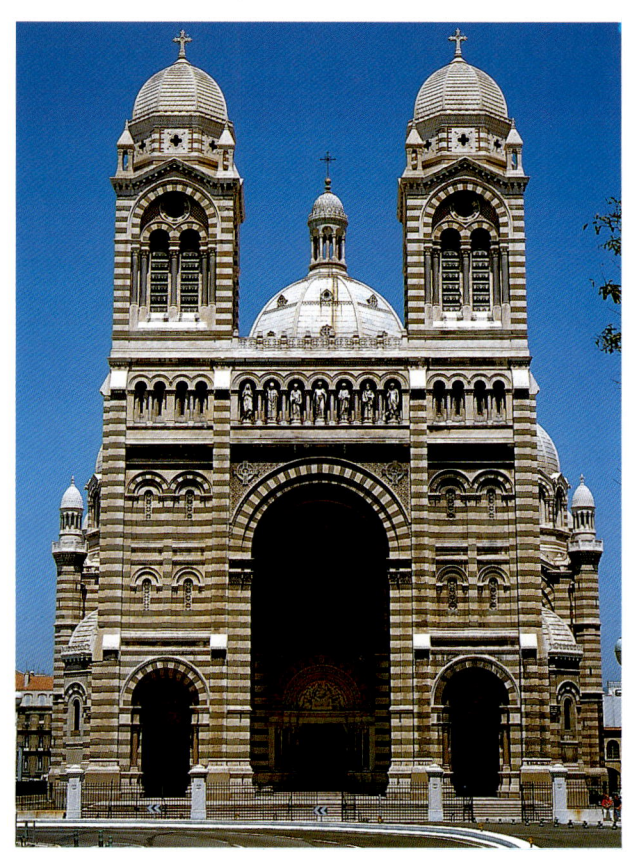

L'Opéra, inauguré en 1787, fut dessiné dans le style néo-grec qui était en vogue à l'époque et qui lui fut conservé lors des travaux de reconstruction après l'incendie de 1919; quant à l'intérieur, il rend un bel hommage au style des années Vingt.

Parmi les plus anciennes demeures du vieux Marseille, il faut citer la maison de Cabre, du XVIe siècle, et la maison diamantée, construite en 1570, qui abrite le Musée du Vieux Marseille. Elle doit son nom à la taille en pointe de diamant des pierres de sa façade.

Autre bâtiment intéressant, l'hospice de la Vieille-Charité fut édifié entre le milieu du XVIIe et le milieu du XVIIIe siècle pour accueillir les pauvres de la ville. Ce monument que caractérisent des passages voûtés et trois rangées d'arcades possède également une superbe chapelle baroque. S'y trouvent à l'heure actuelle, entre autres, la direction des musées de Marseille.

Situé place Charles De Gaulle, le palais de la Bourse date de la seconde moitié du XIXe siècle et fut construit en style empire. La décoration de sa façade reprend les symboles de la marine, de l'astronomie, de l'agriculture, du commerce et de l'industrie. Outre les activités financières, la Bourse ac-

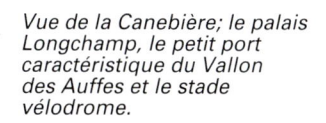

Vue de la Canebière; le palais Longchamp, le petit port caractéristique du Vallon des Auffes et le stade vélodrome.

cueille le Musée de la Marine. Autre bâtiment en style empire, le **palais Longchamp** est dû à l'architecte Espérandieu qui le construisit au milieu du XIXe siècle pour célébrer la construction du canal de Marseille. Ses deux ailes, que réunit une galerie à colonnades, accueillent le Muséum d'Histoire Naturelle et le Musée des Beaux-Arts. Quand à ses jardins, avec leur cadre ombragé et leurs cascades, ils sont un appel au calme et à la détente pour tous.

Parmi les vestiges de l'ancien Marseille, citons le "mur de Crinas", qui faisait partie de l'enceinte urbaine grecque, et le site archéologique qui fut découvert à la fin des années Soixante, à proximité du Vieux-Port et de la Canebière, et est aujourd'hui une curiosité touristique de premier plan.

Dans la rade de Marseille se trouve un archipel dont la plus petite des îles est le **château d'If**. Fortifié par François Ier en 1524, l'îlot fut entouré de remparts à la fin du XVIe siècle, époque à laquelle on construisit également une église et un poste de garde. A partir du XVIIe siècle, le château d'If fut transformé en prison d'Etat où furent détenus des prisonniers célèbres, comme le héros du roman d'Alexandre Dumas "Le Comte de Monte-Cristo". Les deux **îles du Frioul**, aujourd'hui réunies, sont des îlots rocheux abrupts dont les anfractuosités constituent un petit paradis pour les amateurs de plongée sous-marine.

Vue panoramique d'une île du Frioul, vue aérienne du château d'If et la plage à l'Espace Borely.

LES CALANQUES

Résultat de l'érosion conjuguée du vent et de l'eau qui, pendant des millénaires, ont modelé le calcaire, les calanques créent un paysage extraordinaire fait de rochers hérissés, de falaises échancrées, d'éperons abrupts, ce criques et de petites plages cachées. Elles se trouvent sur la portion du littoral comprise entre Cassis et Marseille.

Dans ce milieu maritime aride, la végétation est dominée par les pins d'Alep, parfois associés aux chênes et aux frênes; les plantes odorantes comme le myrte, le romarin et le thym complètent le tableau avec l'arbousier. La faune des calanques est elle aussi des plus variées réunissant toutes sortes d'oiseaux, d'insectes et de mammifères.

Des vestiges témoignent de l'installation des hommes dès les plus hautes périodes sur ce littoral et les sites sous-marins attirent les plongeurs du monde entier avec leurs merveilles tant archéologiques que naturelles. C'est le cas, par exemple, de la **grotte de Cosquer** découverte en 1991: elle recèle des peintures rupestres vieilles de quelque 20.000 ans.

De nombreux circuits de randonnée permettent de visiter ces zones auxquelles l'accès en auto n'est pas toujours possible, sur des sentiers qui sillonnent la côte suspendus entre roche et mer, dans un cadre naturel fascinant. Parmi les calanques les plus connues et les plus appréciées des touristes, citons **Port-Pin**, **En-Vau**, les environs de **Morgiou** et **Sormiou**. Enfin, **Cassis** est la plus célèbre de toutes avec son petit port abrité, à l'est du Cap Canaille et à l'ouest de la dernière avancée rocheuses de la Gardiole, dans une nature de toute beauté.

Pages suivantes: les calanques à En-Vau et à Morgiou, petits ports calmes et bien abrités, et vue arienne des calanques avec Port-Pin au premier plan, et Port-Miou, à l'arrière-plan.

Le port de Cassis.

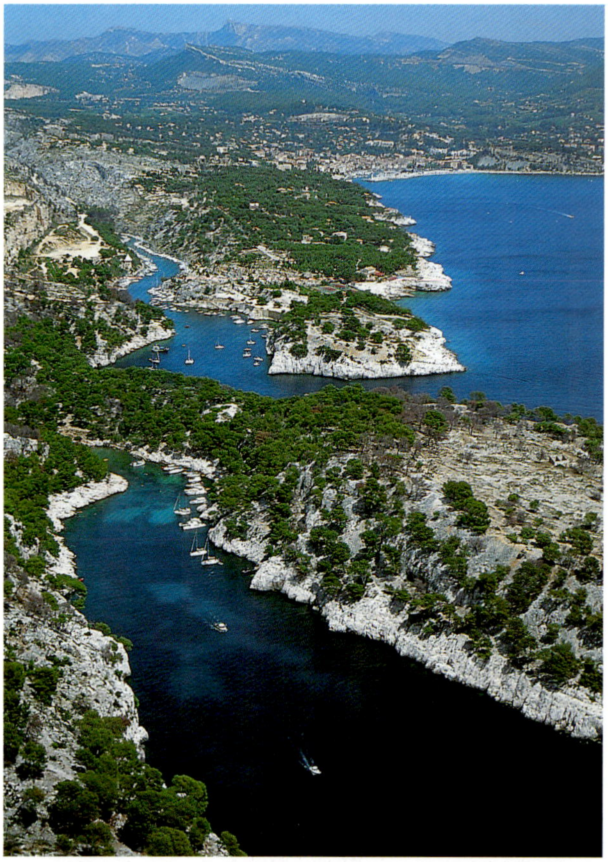
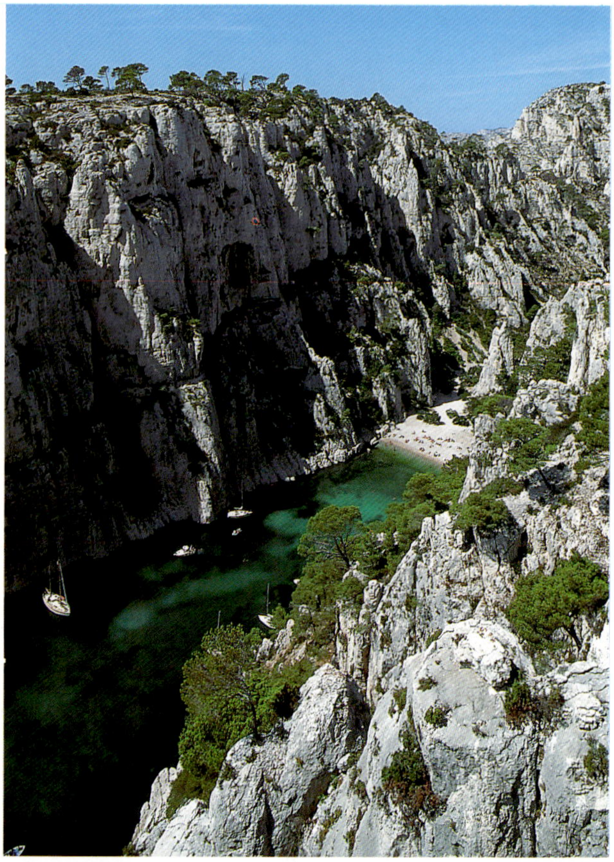
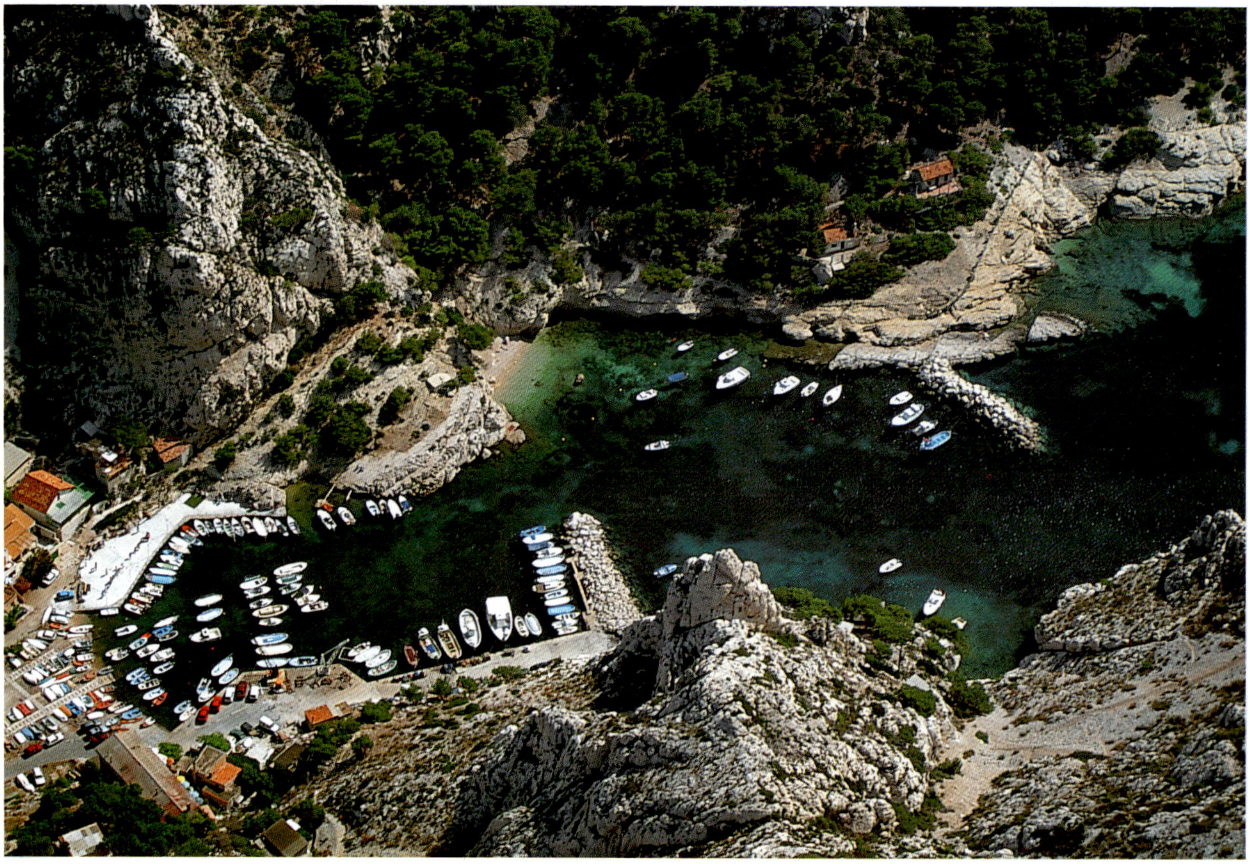

Place de la Libération avec la fontaine de la Rotonde.

AIX-EN-PROVENCE

Au IVe siècle avant J.-C., la Basse Provence occidentale était occupée par une confédération celto-ligure, dont la capitale politique et religieuse était l'«oppidum» d'Entremont. Les populations qui se sentaient plus directement menacées par cette alliance firent recours à l'aide de Rome, et c'est ainsi qu'en 123 avant J.-C. le consul Caius Sestius Calvinus attaqua Entremont et la détruisit. Pour renforcer sa région à peine conquise, le consul romain jugea utile, l'année suivante, d'installer un camp retranché autour des sources d'eaux thermales déjà connues dans la région: ce centre se développa sous le nom de Aquae Sextiae, et c'est de cette ville que naquit Aix-en-Provence. Vingt ans plus tard, non loin de là, les Teutons qui marchaient sur l'Italie furent arrêtés par l'armée romaine conduite par Marius. La tradition veut même, pour plus d'exactitude, que l'affrontement ait eu lieu, en 102 avant J.-C., au pied même du promontoire qui prit plus tard le nom de montagne Sainte-Victoire. La victoire que Marius remporta sur les barbares eut un grand retentissement: à sa mémoire et en son honneur, il devint d'usage, dans de nombreuses familles provençales, d'appeler l'un des fils Marius. D'abord capitale de la Gaule Narbonnaise II, puis siège d'un archevêché, Aix devient «capitale» à partir du XIIe siècle, lorsque les comtes de Provence y tiennent une cour littéraire et artistique raffinée. Malgré de dures épreuves – les incursions des bandes de soldats rebelles et la terrible épidémie de peste noire de 1348 – la primauté d'Aix sur le reste de la région durera plus de deux siècles; son apogée se situe dans le courant du XVe siècle, sous le règne du fameux «bon roi René».

René d'Anjou, marié d'abord à Isabelle de Lorraine et, en secondes noces, à Jeanne de Laval, parlait grec, latin, italien, hébreu et catalan; il composait de la musique et peignait; il connaissait la mathématique, la jurisprudence et la géologie; grand voyageur, il se rendit en Bourgogne, en Flandre, à Naples (où il fut roi de 1438 à 1442), à Florence et en Lombardie. Pendant son règne, la ville s'étend et s'embellit: son esprit de mécène le pousse à ouvrir les portes de la cour à de nombreux artistes (parmi eux Nicolas Froment, le plus célèbre); on y organise des fêtes, des jeux, des tournois de chevaliers. Sa mort, en 1480 lorsqu'il est âgé de 72 ans, marque pour ainsi dire la fin d'une époque; pas tout à fait cependant, puisque Aix conserve, après son rattachement à la France en 1486, une remarquable autonomie et un certain privilège: c'est là en effet que réside le gouverneur qui représente le souverain, c'est là que se réunissent les Etats Généraux après l'institution du Parlement par Louis XII en 1501. Au XIXe siècle, les conséquences de la Révolution et le développement croissant de Marseille portèrent un coup dur à Aix: de la célèbre université fondée par Louis II au XVe siècle, il ne subsista plus que les facultés de Lettres et de Droit, et le Parlement fit place à une Cour d'Appel.

La ville n'en continua pas moins à être un pôle d'attraction pour les artistes, les gens de lettres et les poètes. Le **Cours Mirabeau**, qui est aujourd'hui le centre vivant et très animé de la vie citadine, rappelle par son nom le grand écrivain et homme politique Gabriel-Honoré comte de Mirabeau, qui se maria à Aix, divorça et fut élu aux Etats Généraux de 1789. Le comte, avec son énorme tête et son visage ravagé par la petite vérole, sa vie privée corrompue et dissolue – qui lui valut le surnom de «Mirabeau de la Bourrasque» ou «de l'Ouragan» – se distingua par son intelligence brillante, son éloquence vigoureuse et son extraordinaire talent politique. Aix lui dédia ce cours magnifique, tracé au XVIIe siècle sur l'emplacement des anciens bastions de la ville, aujourd'hui ombragé de grands platanes centenaires. D'un côté du cours, on rencontre trois fontaines: une eau thermale à 34° jaillit de la fontaine centrale; du même côté, l'avenue est bordée d'élégantes façades de demeures aristocratiques et d'anciens hôtels particuliers aux portails richement sculptés et aux balcons en fer forgé soutenus par des cariatides, des atlas portant le monde, et des festons de fruits. L'autre côté de l'avenue est occupé par une série de magasins, de librairies et de cafés. L'un d'eux est très connu, digne de rivaliser avec le Florian de Venise ou le Flore de Paris: c'est le café des Deux Garçons, fréquenté par d'illustres personnages du monde artistique et littéraire, de Zola à Giraudoux, de Jouvet à Cendrars et Cocteau... Parmi tous ceux qui gardèrent le souvenir d'Aix («... il fait bon vivre à Aix...» écrivit Jacques Lachaud), l'un d'eux n'oublia jamais les images de sa ville natale: Paul Cézanne, qui y naquit en 1839 et revint y mourir en 1906, après de nombreux et lointains périples. Toute sa vie, le grand peintre a chanté la gloire d'Aix, ses couleurs et sa lumière incomparables. On peut aujourd'hui reparcourir le chemin de Cézanne en visitant sa maison natale, 2 rue de l'Opéra,

Un raccourci du Cours Mirabeau.

Une vue nocturne de la Fontaine d'Albertas, de 1912, située sur la place du même nom.

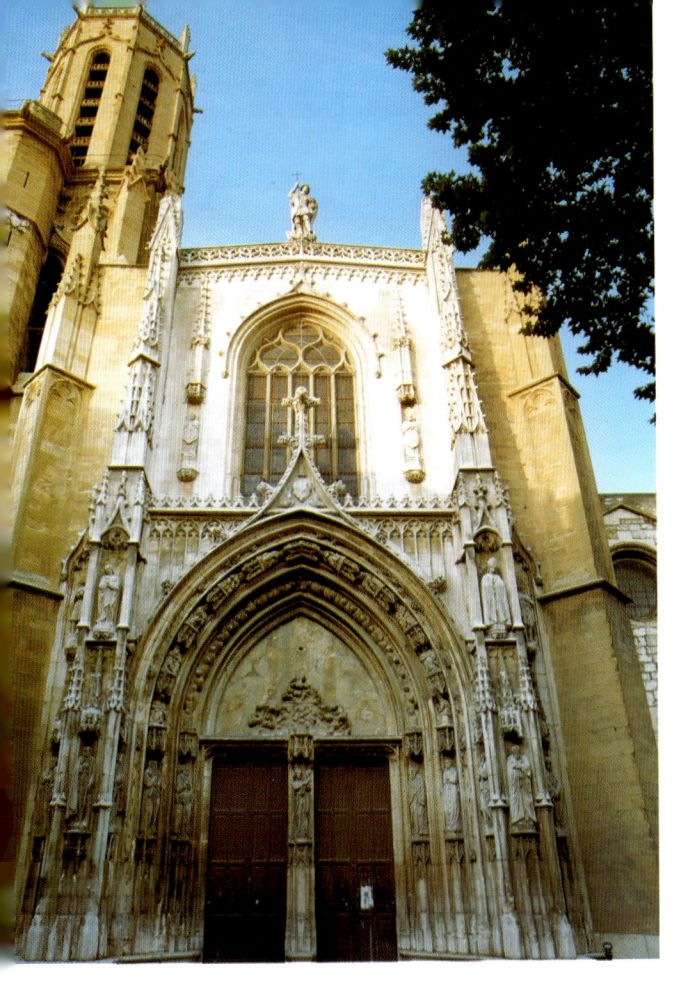

La façade de la cathédrale St-Sauveur.

Intérieur de la cathédrale St-Sauveur.

Le Baptistère à l'intérieur de St-Sauveur.

la chapellerie de son père, 55 cours Mirabeau, et l'atelier de la rue Boulegon où mourut l'artiste. Au-delà de ces souvenirs évocateurs, voici les monuments d'Aix, et en tout premier lieu sa cathédrale: **Saint-Sauveur.** «Eglise laide et irrégulière», ainsi la définit en 1739 Charles De Brosses, connu sous le nom de Président De Brosses. Et l'église est effectivement irrégulière, car tous les styles y sont représentés; mais elle n'est certainement pas laide: au contraire sa beauté, ou du moins son charme, réside justement dans son extrême irrégularité, et cette superposition de styles et d'époques différentes. La tradition veut qu'elle ait été édifiée sur les ruines d'un temple dédié à Apollon. Sa construction commença en 1285 sur ordre de l'archevêque Rostang de Noves: la disposition est en croix latine (nef à cinq travées, transept et abside), quoique sensiblement déformée. Par rapport à la structure sévère et imposante de l'église romane avoisinante, la façade de Saint-Sauveur se distingue par la fantaisie de son style gothique flamboyant: les contreforts décorés de niches et de pinacles bordent les splendides battants du portail exécutés par Jean Guiramand, de Toulon; on remarquera les sculptures représentant les Prophètes d'Israel et les Sibylles. Sur la gauche s'élève le clocher commencé en 1323: deux corps superposés qui présentent une contracture, le corps supérieur étant de forme

Le beau cloître roman à l'intérieur de St-Sauveur.

La cathédrale St-Sauveur abrite le célèbre Triptyque du Buisson Ardent, l'une des plus belles oeuvres de Nicolas Froment.

Extérieur de l'église Ste-Marie-Madeleine.

octogonale. L'intérieur de l'église renferme de véritables chefs-d'oeuvre: en particulier le **baptistère,** qui remonte vraisemblablement à la fin du IVe ou au début du Ve siècle. Comme tous les baptistères d'époque mérovingienne, celui-ci a une structure octogonale, des matériaux d'un édifice précédent furent utilisés pour sa construction: des huit colonnes, six sont en marbre vert et deux en granit, avec chapiteau corinthien; elles proviennent d'un temple d'époque romaine. On a retrouvé, au centre de l'édifice, la piscine octogonale où se déroulaient les baptêmes, par immersion, des adultes. Le **cloître** est roman, avec de petits arcs en plein cintre soutenus par des colonnettes géminées en marbre; l'ensemble est d'une extrême légéreté, due à l'absence de piliers de renforcement qui interrompraient la file des colonnes. On situe sa construction entre 1160 et 1180; ce cloître reproduit l'architecture et l'iconographie de celui de Saint-Trophime à Arles, bien que ce dernier soit sensiblement plus grand. Les chapiteaux des colonnes sont décorés de différents éléments: des motifs végétaux dans la partie donnant sur le jardin, et des personnages vers l'intérieur. Parmi toutes les œuvres que renferme le cloître, la primauté revient toutefois au célèbre *Triptyque du Buisson Ardent*, terminé vers 1476 par Nicolas Froment pour le roi René, dont le portrait se trouve sur le volet de gauche, avec saint Antoine, saint Maurice et sainte Madeleine, tandis que le volet de droite offre les portraits de son épouse Jeanne de Laval, avec saint Jean, saint Nicolas et sainte

Eglise Ste-Marie-Madeleine : le Triptyque de l'Annonciation.

Statue en bois de la Vierge à l'Enfant à l'intérieur de l'Eglise Ste-Marie-Madeleine.

Ci-dessous, la Fontaine des Quatre Dauphins, de 1667; la fontaine de Pascal, située cours Sextius; la fontaine des Trois Ormeaux, du XVIIe siècle.

Catherine. Nicolas Froment a exprimé dans ce retable le grand style provençal dans sa forme la plus réussie et la plus noble: plans bien définis, composition solennelle et monumentale. Certains éléments – comme le soin minutieux apporté à la description des détails, et l'attention prêtée au paysage de l'arrière-plan dénotent toutefois une influence manifestement flamande. Si la primauté revient à cet ensemble d'architecture sacrée pour les chefs-d'œuvre artistiques qu'il renferme, c'est néammoins à l'**église Saint-Jean-de-Malte** que revient la primauté de l'ancienneté: il s'agit en effet du premier édifice gothique construit à Aix. Conçu à l'origine sur un plan à croix latine, il fut agrandi au cours des siècles suivants. Reconstruit, il renferme aujourd'hui les sépulcres des derniers comtes de Provence. Cette église ne contient pas de grands chefs-d'œuvre; il en va autrement de l'**église Sainte-Marie-Madeleine** de style baroque qui possède, outre une toile attribuée à Rubens et une Vierge en marbre du XVIIIe siècle, le célèbre *Triptyque de l'Annonciation*. Cette œuvre, l'une des plus originales de l'époque, fut exécutée entre 1443 et 1445 pour la cathédrale d'Aix. C'était un riche bourgeois, Pierre Corpici, qui l'avait commandée, mais on ne connaît pas le nom de son auteur. De nombreuses hypothèses ont été formulées: il s'agit peut-être de Guillaume Dombet, qui réalisa les vitraux de la cathédrale, ou de son gendre, Arnould de Catz. Un seul fait est certain: le maître anonyme de l'Annonciation d'Aix connaissait très bien les œuvres flamandes de Jan van Eyck et du Maître de Flemalle. On ne pourrait expliquer autrement le style vigoureux et monumental, l'usage savant de la lumière chaude qui sculpte les volumes, et donne à toute cette composition une dimension absolument nouvelle. Aix nous offre aussi de superbes exemples d'architecture non religieuse, de styles variés: l'**Hôtel de Ville**, construit entre 1562 et 1658, avec sa **Tour de l'Horloge**, gothique, en est un exemple. La **Fontaine des Quatre Dauphins**, exécutée en 1667, est accompagnée harmonieusement par les superbes hôtels du XVIIIe siècle de la Place des Quatre Dauphins. La **Bibliothèque Méjanes**, l'une des plus belles de France, riche de 300 000 volumes dont le très beau *Livre d'Heures* enluminé par le roi René en personne.

La Tour de l'Horloge, du XVIe siècle.

La Fontaine d'Espéluque, de 1618, située sur la place des Martyrs de la Résistance.

L'ancien Archevêché, actuellement siège du Musée des Tapisseries.

ARLES

Parler d'Arles en quelques pages est extrêmement difficile: son passé riche et glorieux, ses nombreuses œuvres d'art, sa langue si curieuse et musicale, l'air qu'on y respire, l'atmosphère gaie, joyeuse et chaleureuse de la ville... Il faudrait y vivre pour la comprendre à fond. Essayons cependant de parcourir les étapes essentielles de son histoire. Ses origines se perdent dans la nuit des temps, comme l'ont démontré les ossements et les pointes de silex retrouvés à plusieurs endroits de la ville. En ces temps reculés, la région ne se présentait pas comme aujourd'hui: la mer Méditerranée formait un profond estuaire, maintenant disparu, et les vastes marécages formés par le Rhône couvraient la région. Les populations primitives occupaient des îlots rocheux, situés à une trentaine de mètres du niveau de la mer, plus facilement défendables: celui d'Arles s'élevait entre le fleuve et le marécage de Crau. Cet endroit fut en effet baptisé Ar-laith par les Celtes, ce qui veut dire «devant les marécages», nom que les Romains auraient ensuite transformé en Arelate, forme antique de Arles.

Arles vécut longtemps à l'ombre de Marseille, dont elle dépendait économiquement et politiquement. La ville présentait néanmoins des facteurs positifs autonomes: sa situation favorable sur la voie Italie-Espagne; sa position stratégique sur le delta du Rhône; des routes qui reliaient le bassin méditerranéen aux autres pays d'Europe du nord; une région environnante fertile, qui permettait le ravitaillement militaire. Il s'agissait seulement d'attendre le moment propice, qui se présenta lorsque Marseille se rangea aux côtés de Pompée dans la lutte contre César. Assiégeant Marseille par terre et par mer, César reçut d'Arles des aides substantielles, y compris douze navires fournis en moins de trente jours par les habiles constructeurs arlésiens. César, reconnaissant, «récompensa» la ville provençale en lui attribuant le titre de «Colonia Julia Paterna Arelatensis Sextanorum» et en y installant les vétérans de la VIe Légion. L'appellation était très importante car seules les colonies fondées par César en personne avaient droit à ce titre. Arles devient alors la «Rome des Gaules»: une ville riche, entourée de murs, reliée par un pont de barques à l'autre rive du fleuve où se trouve la ville résidentielle. Arles possède de belles rues avec des trottoirs, un théâtre, une arène, des bains publics en marbre, pourvus d'eau courante, un aqueduc de 75 kilomètres; la ville est approvisionnée en eau par trois canaux; l'un alimente les maisons particulières, un

Arles vue du Rhône.

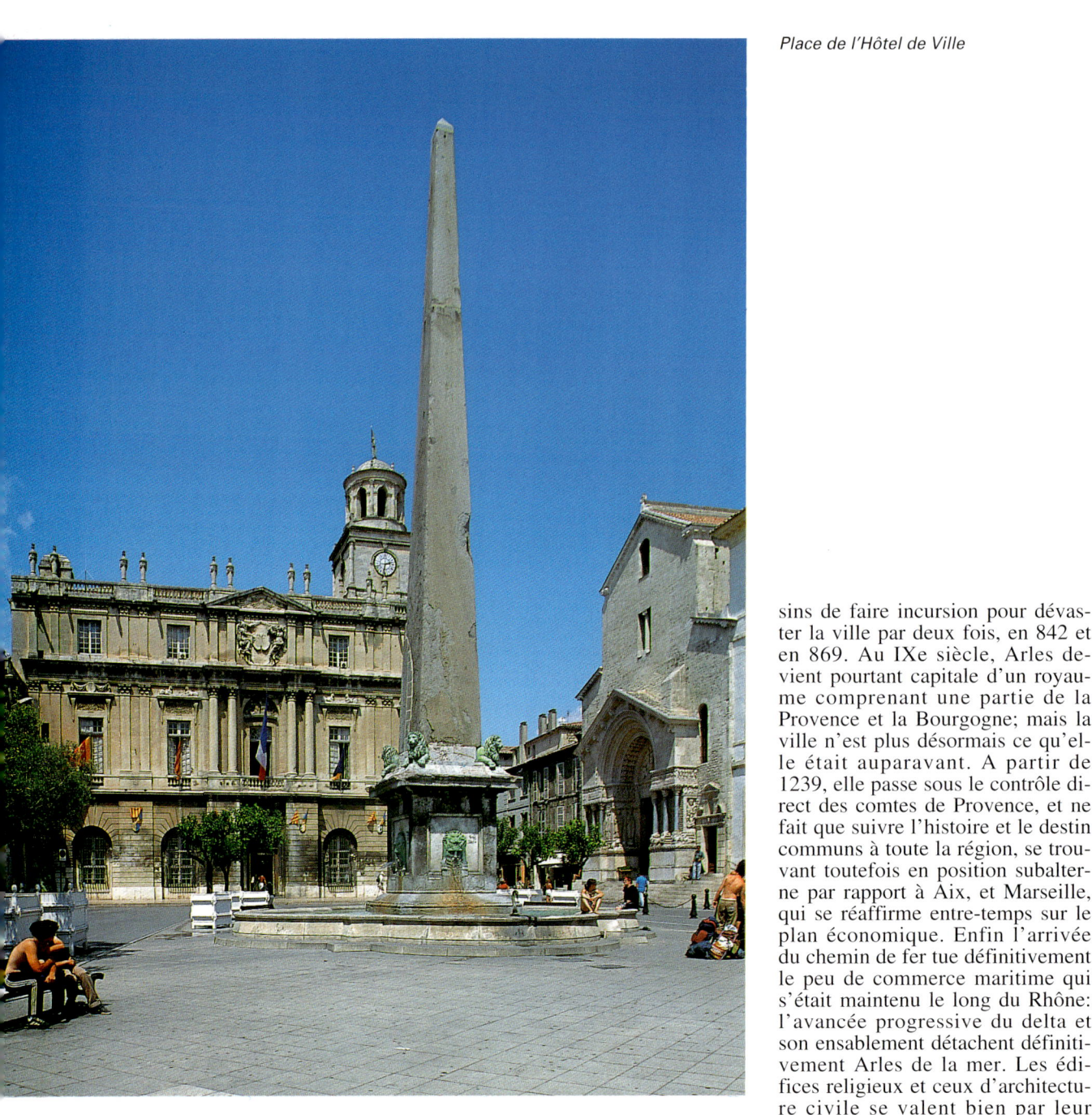

Place de l'Hôtel de Ville

autre va aux bains publics et le troisième dessert les fontaines. Le port est très fréquenté, surtout après le déclin de celui de Marseille: les bateaux qui y jettent l'ancre viennent d'Asie et d'Afrique. Les marchands d'Arles sont les plus renommés: ils exportent l'huile et le vin de Provence. Les artisans arlésiens sont réputés pour l'orfévrerie, les armes et les tissus. Les empereurs choisissent la ville comme résidence de province: Constantin lui-même y résidera. C'est aussi un important centre de culture: le sophiste Favorin y fera des recherches. Puis à l'époque chrétienne, la ville devient un grand centre religieux: dix-neuf conciles se tiendront en Arles. Le déclin coïncide avec les invasions barbares.
426, 430, 452, 454, 461: ce sont les années au cours desquelles les hordes des Visigoths attaquent la ville. Quand le dernier empereur romain, Romulus Augustulus, disparaît en 476, les barbares ont le champ libre. La chute définitive de la ville date de 480 quand les Visigoths, conduits par Euric, se rendent en Arles après être passés par Glanum; puis c'est le tour des Sarrasins de faire incursion pour dévaster la ville par deux fois, en 842 et en 869. Au IXe siècle, Arles devient pourtant capitale d'un royaume comprenant une partie de la Provence et la Bourgogne; mais la ville n'est plus désormais ce qu'elle était auparavant. A partir de 1239, elle passe sous le contrôle direct des comtes de Provence, et ne fait que suivre l'histoire et le destin communs à toute la région, se trouvant toutefois en position subalterne par rapport à Aix, et Marseille, qui se réaffirme entre-temps sur le plan économique. Enfin l'arrivée du chemin de fer tue définitivement le peu de commerce maritime qui s'était maintenu le long du Rhône: l'avancée progressive du delta et son ensablement détachent définitivement Arles de la mer. Les édifices religieux et ceux d'architecture civile se valent bien par leur beauté et leur importance; souvent proches les uns des autres, ils semblent rivaliser entre eux... Par exemple l'**Hôtel de Ville** avec sa façade du XVIIe siècle, construit autour de la Tour de l'Horloge, d'architecture Renaissance: les plans étaient de Peytret, mais le grand Mansart y mit la touche finale. Sur la tour, on aperçoit la statue du dieu Mars que les Arlésiens appellent «l'homme de bronze» parce qu'il reflète les rayons du soleil, phénomène que l'on ne remarque pas lorsqu'on se trouve en-dessous.

L'église St-Trophime.

On découvre ici l'une des premières œuvres d'art de la ville: le plafond plat du rez-de-chaussée soutenu par dix paires de colonnes, haut exemple d'équilibre architectural et de perfection dans la structure. A côté de l'Hôtel de Ville, on admire maintenant l'**église Saint-Trophime** dans sa splendeur romane, considérée comme l'une des plus belles de Provence. D'après une légende, saint Trophime arriva en Provence, depuis la Palestine, avec d'autres compagnons de foi; une autre version de la légende affirme au contraire que le saint, disciple de saint Pierre et de saint Paul, venait de Rome. Il était de toute façon cousin de saint Etienne, premier martyr chrétien, dont il avait conservé la tête à sa mort. Dans son œuvre de conversion de la Provence à la foi chrétienne, saint Trophime s'était arrêté dans la ville d'Arles où il était devenu évêque. La première ba-

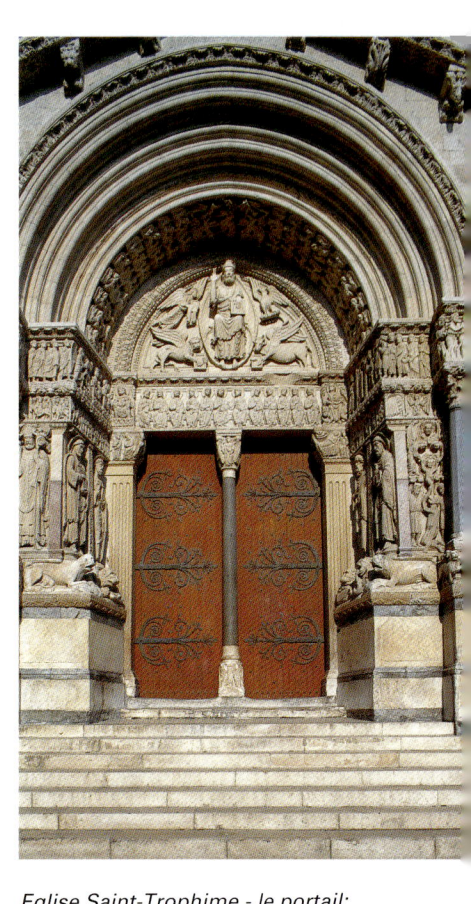

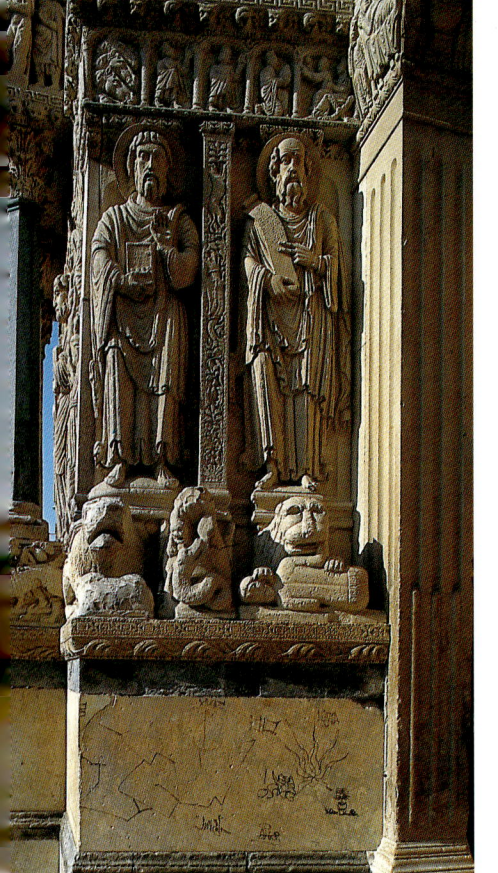

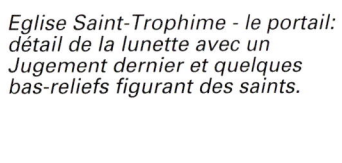

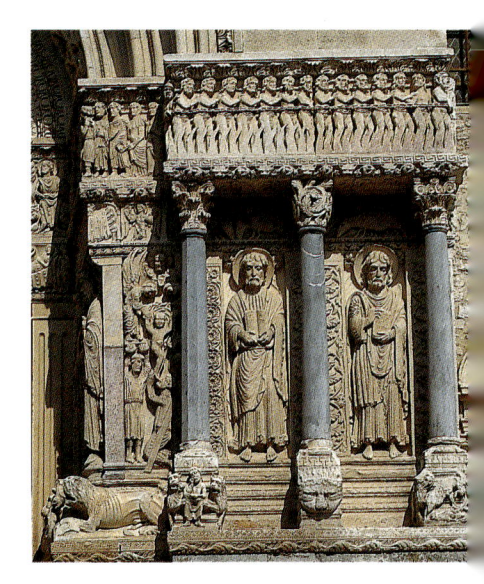

Eglise Saint-Trophime - le portail: détail de la lunette avec un Jugement dernier et quelques bas-reliefs figurant des saints.

Eglise Saint-Trophime: la façade illuminée et une vue de l'abside avec le maître-autel.

silique d'Arles, dédiée initialement à saint Etienne, fut détruite dans la première moitié du VIIIe siècle par les incursions sarrasines. Sa reconstruction commença à l'époque carolingienne; le 29 septembre 1152, on y transféra solennellement les reliques de saint Trophime, et l'église lui fut dédiée; puis elle devint cathédrale. Et c'est précisément dans cette cathédrale que Frédéric Barberousse reçut, le 30 juillet 1178, la couronne royale des mains de l'archevêque Raimond de Bolène. Le roi René y épousa Jeanne de Laval, et Louis II d'Anjou y épousa Yolande d'Aragon. La façade, avec sa base carolingienne et sa partie supérieure du XIIe siècle, s'ouvre en bas par un magnifique **portail** géminé, proche de celui de Saint-Gilles, sculpté vers 1180, à en juger les proportions parfaites et la richesse décorative qui l'apparentent à un arc de triomphe romain. Dans la lunette qui surmonte l'architrave, le *Christ en Gloire* avec les symboles des Quatre Evangélistes. Dans la partie immédiatement inférieure, on peut voir douze silhouettes assises, qui sont les *Douze Apôtres;* à gauche du Christ, une procession de personnages nus et enchaînés, les âmes damnées traînées à l'Enfer; à sa droite au contraire, les Elus lui tendent leur visage. Plus bas encore, plusieurs saints, chacun muni de ses attributs symboliques. L'intérieur de l'église est sévère: à trois nefs, avec voûtes en ogive dans la haute nef centrale, et voûtes en berceau dans les nefs latérales, plutôt étroites. Dans les chapelles latérales et radiales, on a conservé de nombreux sarcophages chrétiens, du IVe siècle; l'un d'eux représente le *Passage de la Mer Rouge* et constitue le front de l'autel de la chapelle. Passons maintenant au **cloître,** que l'on peut définir sans hésitation la plus belle partie de l'église. La richesse et l'exubérance de la décoration sculptée (ici aussi, comme pour le portail, l'iconographie est consacrée aux apôtres) en font le cloître le plus célèbre de la région. En partie roman et en partie gothique (les galeries nord et est sont du XIIe siècle, les

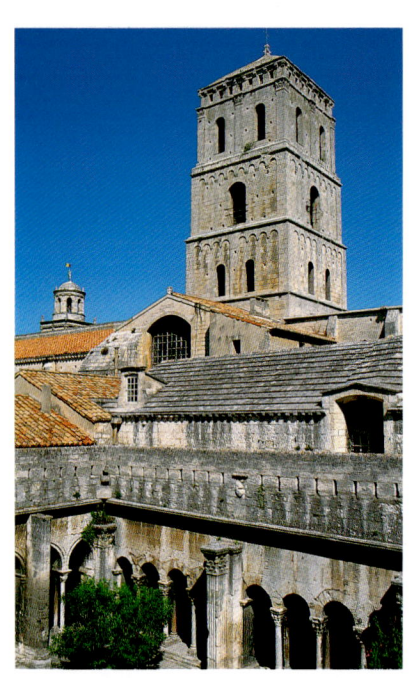

Deux vues générales du cloître de St-Trophime.

Partie sud-est du cloître avec le puits dont la margelle a été reprise de la base d'une ancienne colonne du Théâtre.

Un pilier à nord-ouest du cloître avec la représentation de saint Trophime, premier évêque d'Arles.

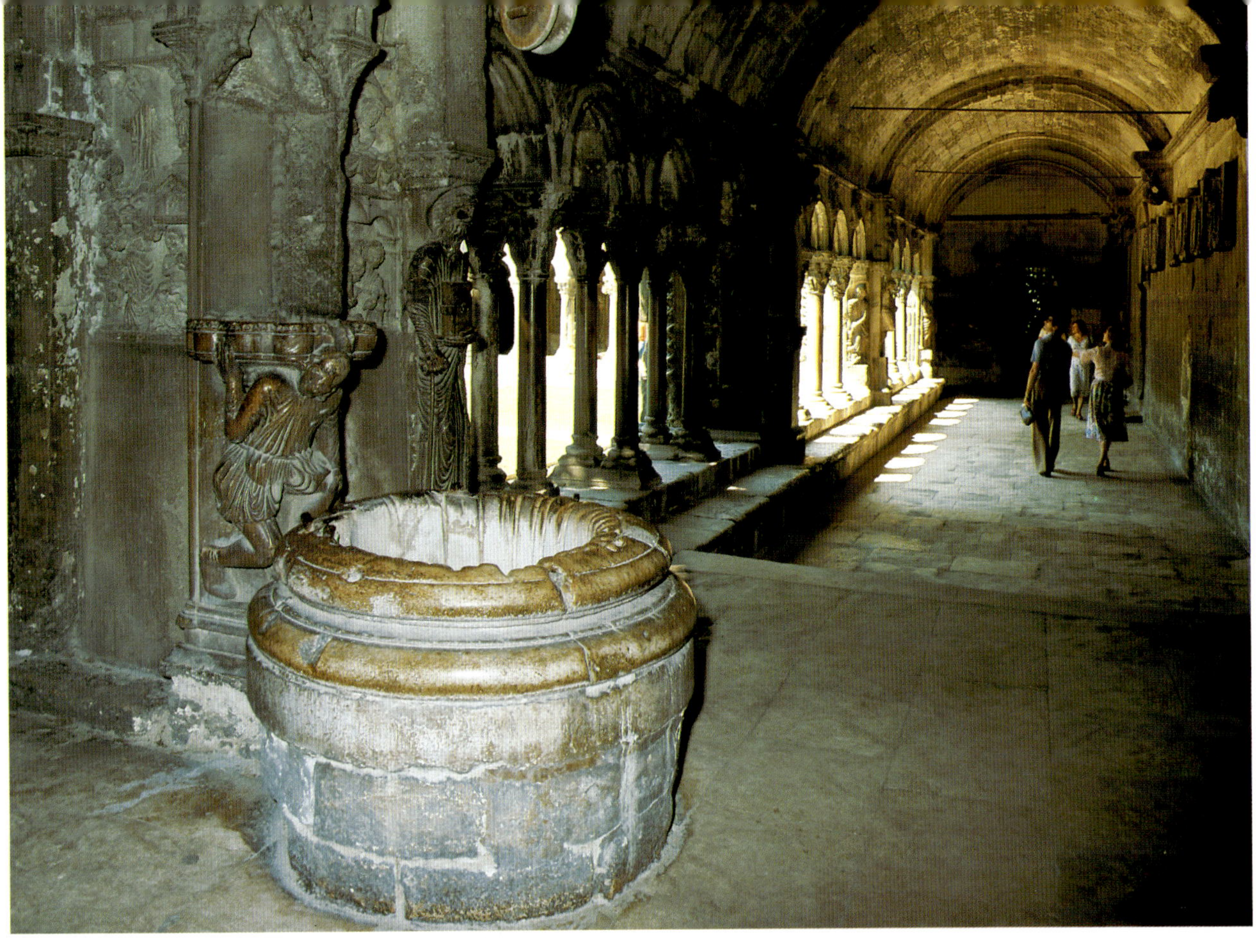

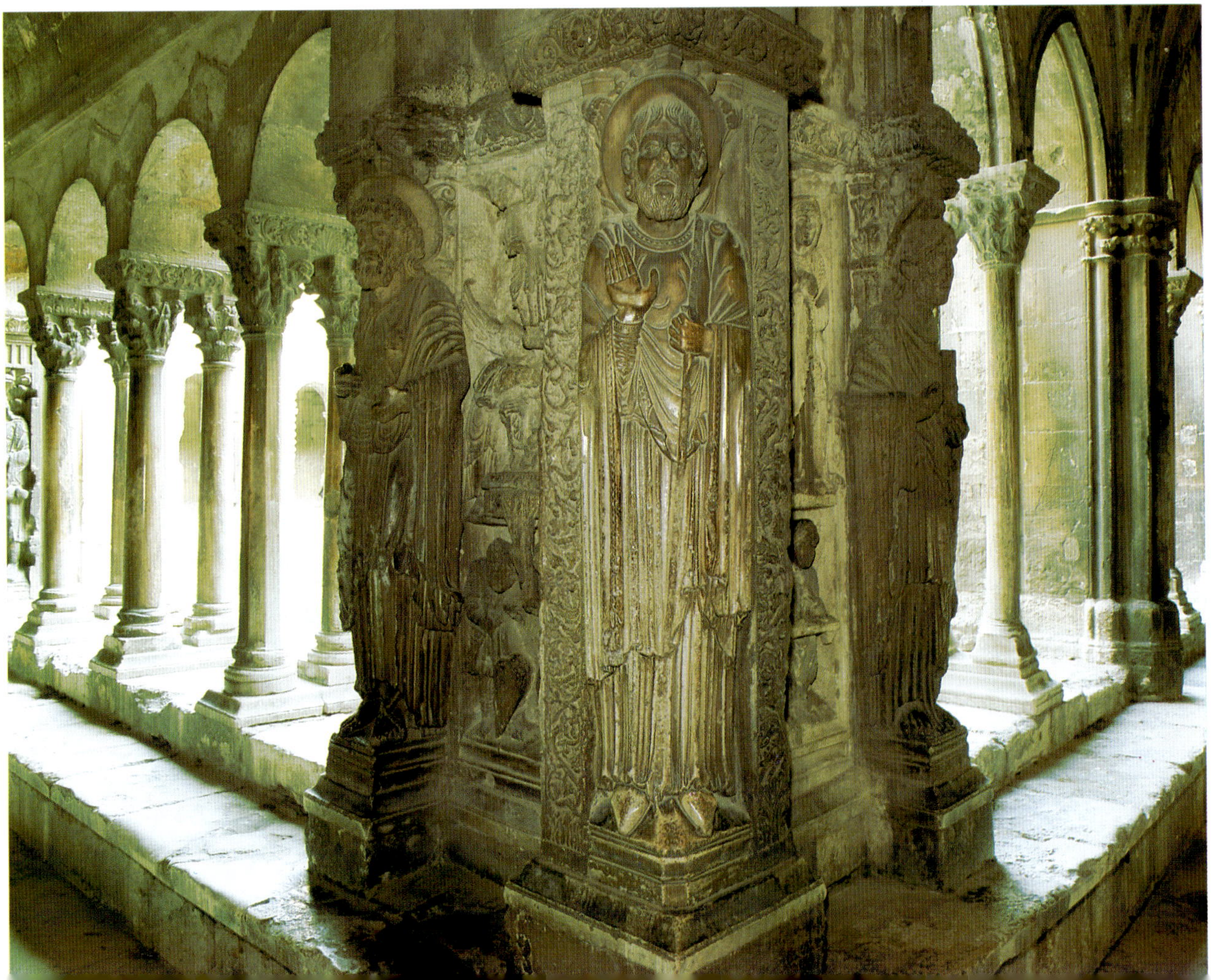

Vue extérieure des Arènes.

deux autres du XIVe), il associe habilement les deux styles qui ont présidé à la couverture des galeries: à chevrons pour les parties romanes, et à voûtes en ogive pour les parties gothiques Les colonnes jumelées ont toutes des chapiteaux historiés, soit des feuilles et des racèmes soit des scènes extraites de l'Ancien et du Nouveau Testament. Aux piliers, qui alternent avec de petites colonnes, s'adossent des bas-reliefs et des statues: à l'angle nord-est, le groupe de *Saint-Trophime, Saint-Pierre et Saint-Jean l'Evangéliste* dénote, bien que manifestement inspiré de l'Antiquité, une perfection et une singularité d'expression qui ne sont plus antiques, ni même médiévales, mais annoncent incontestablement des temps nouveaux. Une salle qui s'ouvre latéralement sur le cloître renferme de belles tapisseries d'Aubusson, du XVIIe siècle, représentant la *Vie de la Vierge;* d'autres flamandes, du même siècle, représentent les *Histoires des Juifs.* L'**Arène** d'Arles, qui ressemble à celle de Nîmes, est parmi les plus antiques du monde romain: elle fut peut-être construite sous le règne d'Hadrien. La dimension de son ellipse est impressionnante: 136 mètres de longueur sur 107 de largeur. Elle peut contenir 24 000 spectateurs; elle est formée de deux ordres d'arcades, de 60 arches chacun, doriques en bas et corinthiens en haut. Un détail la distingue de celle de Nîmes: la hauteur du mur

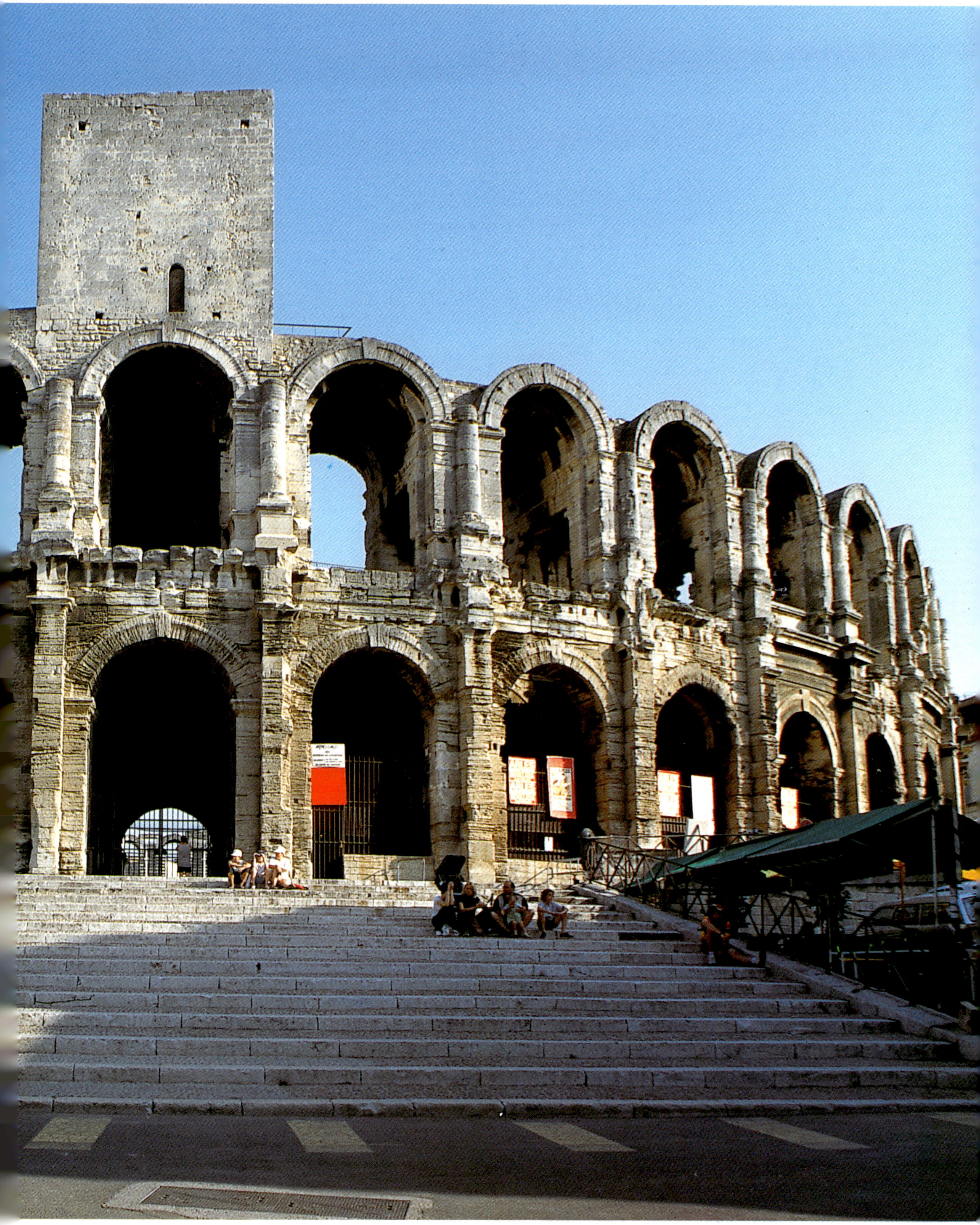

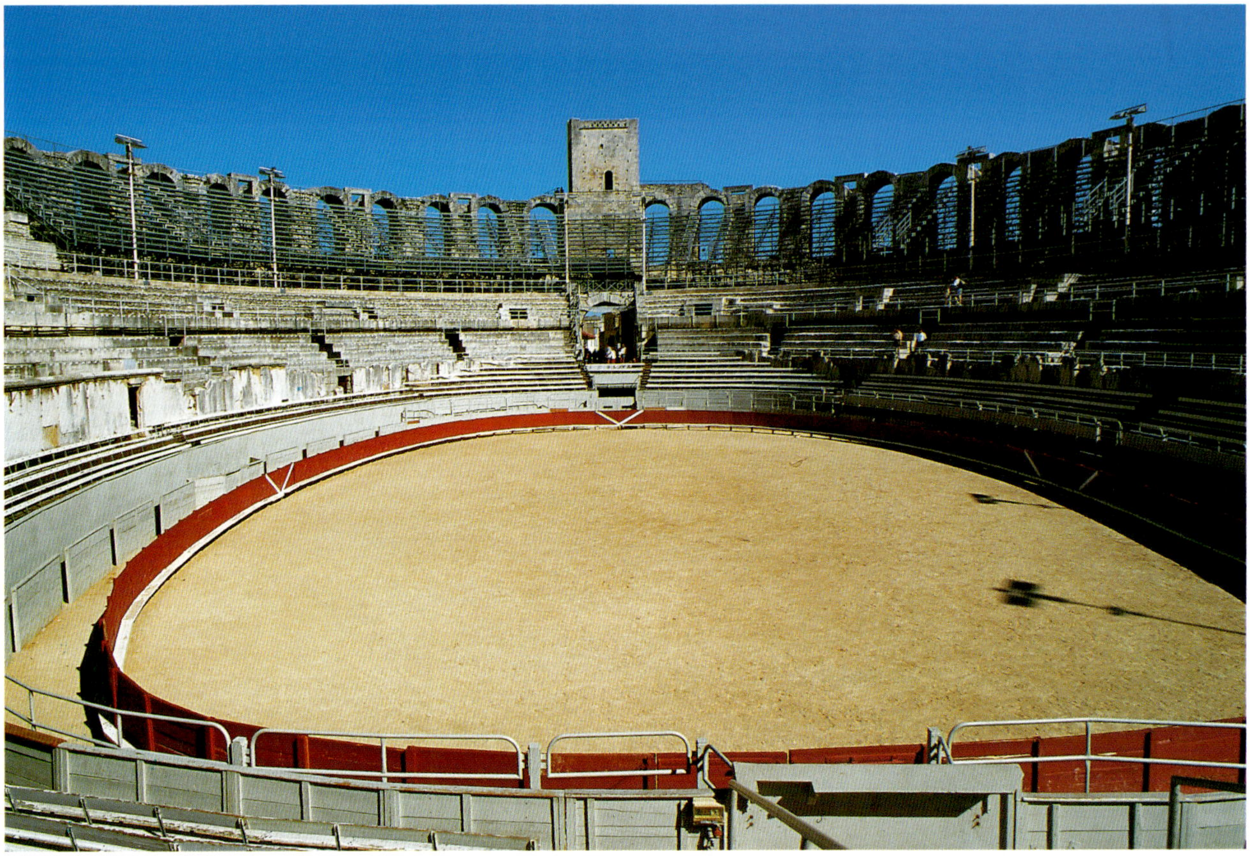

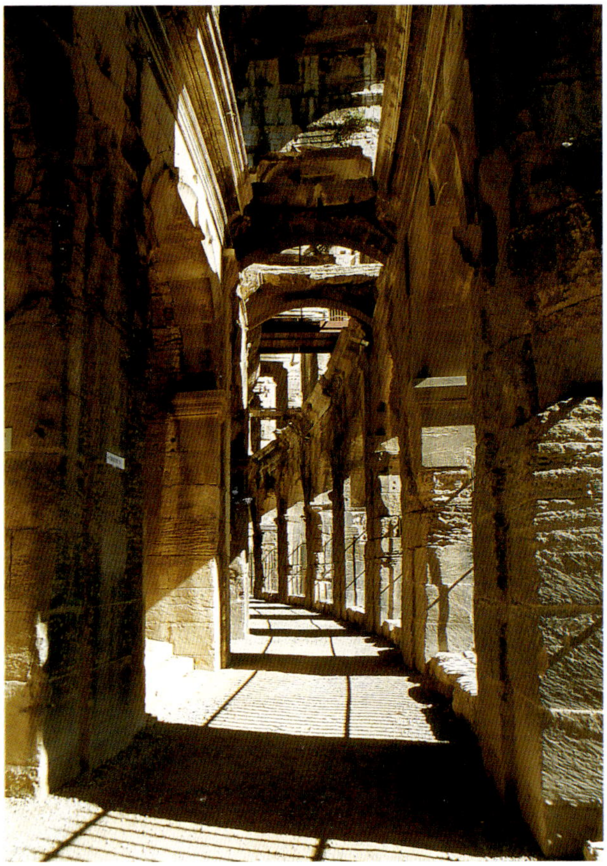

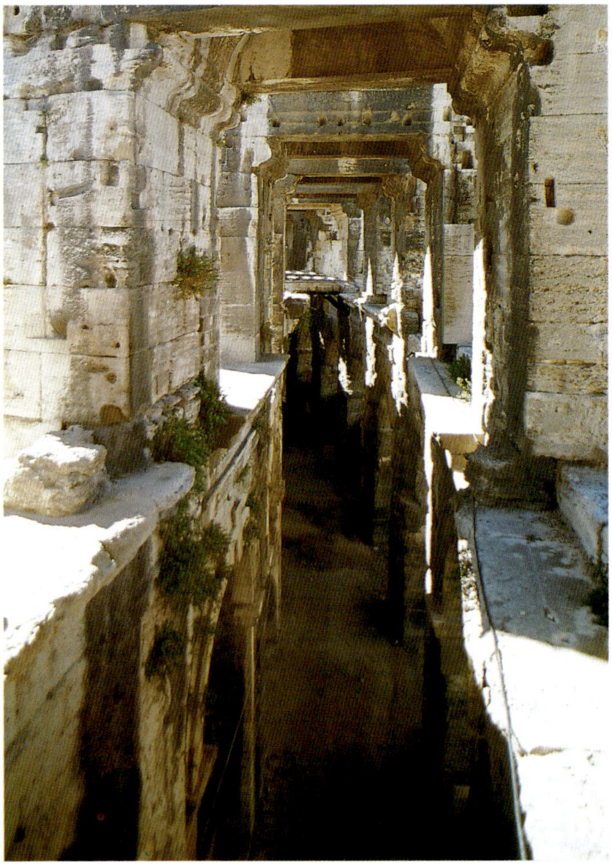

sur la piste, destiné évidemment à protéger les spectateurs les plus proches de l'éventuelle fuite d'un animal féroce. L'Arène connut de multiples vicissitudes: elle subit entre autres le destin d'autres monuments identiques situés dans d'autres villes: ses pierres furent emportées pour servir ailleurs à la construction d'autres monuments et d'autres maisons. Mise à sac puis transformée en forteresse par les Sarrasins, l'Arène fut ensuite occupée par les pauvres de la ville, qui y installèrent des logements de fortune et y construisirent aussi deux chapelles. Restaurée à partir de 1825, elle abrite aujourd'hui de brillantes corridas de type espagnol, ainsi que la traditionnelle fête des gardians de Camargue. Plus de hurlements de gladiateurs ni de rugissements de bêtes féroces, mais les cris enthousiastes de la foule qui assiste par exemple à l'amusan-

Quelques raccourcis de la cavea de l'Arène avec détails des galeries qui l'entourent.

Le Théâtre d'Arles avec les deux colonnes corinthiennes appelées «Deux Veuves».

Quatre moments de la célèbre Fête de la Reine d'Arles.

te et typique fête de la Cocarde: l'homme et l'animal sont encore face à face, mais plus, cette fois, pour tuer ou être tués; bien au contraire pour amuser un public qui trouve dans l'Arène un décor grandiose, adapté au spectacle auquel il assiste. D'autres spectacles caractéristiques se déroulent au **Théâtre,** ou plutôt dans ce qu'il en reste. Il devait être magnifique, avec son immense mur de scène orné de statues, parmi lesquelles se détachaient celles d'Auguste, avec ses 3 mètres de hauteur, celle de Diane, voisine (dont on n'a retrouvé que la tête) et celle de la célèbre Vénus d'Arles, retrouvée le 6 juin 1651. Le théâtre fut construit vers 30 avant J.-C.; pour certains, entre l'an 20 et l'an 15 exactement, en tous cas sous Auguste. Il a subi, plus que tout autre monument d'Arles, les outrages des hommes et du temps: à partir du Ve siècle, le fanatisme religieux fut le principal responsable de la mise à sac systématique du théâtre, dont les pierres servirent comme matériau de construction pour des églises, des maisons particulières et des fortifications. Seule a survécu aujourd'hui, des trois ordres d'arcades, la Tour de Roland sur laquelle devait se trouver la scène avec ses deux colonnes, dites les «Deux Veuves». Dans cet étonnant décor de pierre, plongé dans la verdure, se déroulent d'importantes manifestations comme le Festival annuel de juillet, auquel participent les plus grands noms du spectacle, des danseurs classiques aux chanteurs ly-

93

*Musée Réattu - Antoine Raspal (1738-1811) :
la Famille du peintre.*

*Musée Réattu - Jacques Réattu (1760-1833) :
La Mort d'Alcibiade.*

Un détail de la cour intérieure du Musée Arlaten.

riques, des violonistes aux acteurs de théâtre; Arles est devenue pour eux une étape obligatoire; citons également, parmi les manifestations folkloriques, la **Fête de la Reine d'Arles,** à laquelle participent des groupes provenant de toute la Provence, avec leurs costumes traditionnels. Mais parmi toutes les femmes en costume régional, on remarque l'Arlésienne; il est impossible de la confondre avec d'autres: le vêtement lui-même, l'allure l'élégance la distinguent entre toutes. Son costume est simple et sévère, mais en même temps gracieux et somptueux: une jupe longue et étroite, trois volants de soie, de l'organdi et de la dentelle qui resserrent, modèlent et entourent le buste dans un jeu de plis compliqué. Le drapé, la «chapelle», continue sur la poitrine: on y accrochait autrefois un reliquaire, aujourd'hui une croix en or ou en argent. Les cheveux sont toujours relevés en chignon, et la forme de la coiffe dépend de l'âge: les jeunes filles portent un nœud de dentelle en forme d'ailes de papillon, et les femmes mariées portent un large ruban. Immortalisés des dizaines de fois par Van Gogh pendant son séjour dans la ville, les costumes des arlésiennes se retrouvent dans deux musées: le **Musée Réattu** et le **Musée Arlaten.** Le premier se trouve installé dans l'ancien palais du Grand Prieuré des Chevaliers de Malte, bel exemple d'architecture militaire de la Renaissance. Lorsque les biens des Chevaliers furent vendus pendant la Révolution, l'acheteur fut le peintre Réattu qui installa son atelier dans le palais: sa fille, qui en hérita à la mort du peintre, fit don de l'ensemble à la ville d'Arles en 1867. On y trouve – à côté des nombreuses toiles de Réattu, de son père M. de Barrême, et de son oncle Antoine Raspal – des œuvres d'art contemporain allant des peintures de Picasso aux sculptures de Zadkine. Le second musée, le musée Arlaten, fut fondé par Frédéric Mistral qui obtint le prix Nobel pour la littérature en 1904, et consacra l'argent reçu à la création d'un musée, dont le but était de présenter le plus vaste panorama possible sur l'histoire et le folklore de la Provence. Le musée fut installé dans l'Hôtel de Castellane-Laval, gothique, dont la cour renferme une exèdre d'un petit temple romain qu'on appelle le Dodekatheion. Dans les 33 salles du musée, on peut consulter d'intéressants documents sur les coutumes et les traditions provençales, sur l'histoire locale et les différentes corporations de métiers, les rites et l'ethnographie de la région. On peut observer également la reconstitution d'un *intérieur de maison camarguaise* et une scène de la vie quotidienne (en l'occurrence la *visite à une femme qui vient d'accoucher),* dans laquelle les personnages portent des costumes d'époque.

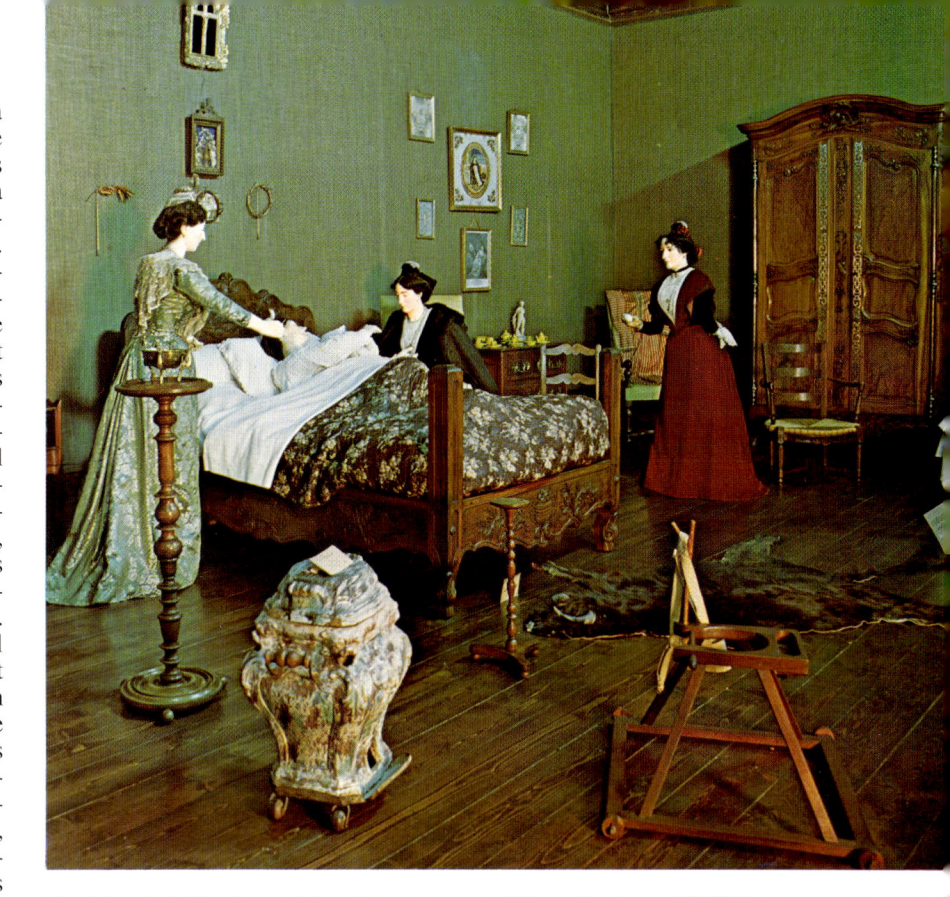

Musée Arlaten - La reconstruction de la chambre d'une parturiente recevant la visite d'amies.

Musée Arlaten - La reconstruction de l'intérieur d'une maison en Camargue.

ESPACE VAN GOGH

C'est sans doute sur conseil de Toulouse-Lautrec qu'en février 1888 Vincent van Gogh décide de se rendre dans le Midi de la France, dont la lumière et les couleurs séduiront son âme très sensible et influenceront son art.

C'est dans l'ancien hôpital d'Arles, où l'artiste fut interné à plusieurs reprises à cause de ses fréquentes crises de folie, qu'à été aménagé l'Espace van Gogh, le centre culturel créé récemment dédié à ce peintre. Avec sa remarquable médiathèque et ses salles d'exposition, le centre se développe autour de la cour de l'**Hôtel-Dieu**, restauré par la municipalité selon les formes et les couleurs que l'on peut admirer dans le célèbre tableau réalisé en avril 1889 alors qu'il était hospitalisé.

Un nombre incroyable de toiles et de dessins de van Gogh ont été créés dans la ville d'Arles, que l'artiste quittera seulement au moment où il décide de s'interner à l'hôpital psychiatrique de Saint-Rémy.

Deux images de l'Espace van Gogh, le centre culturel dédié à l'artiste, créé récemment dans l'ancien hôpital où van Gogh fut enfermé plusieurs mois.

Deux vues de l'ambiance suggestive des Alyscamps.

La dernière et splendide image que peut nous laisser Arles est celle des **Alyscamps,** lieu célèbre et suggestif qui a inspiré depuis l'Antiquité les peintres, les écrivains et les poètes. Le terme Alyscamps est une déformation de l'expression Champs Elysées: il s'agit en effet d'une antique nécropole, célèbre dès les Gaulois. Dans ces tombes millénaires furent enterrés les Phéniciens, les Celtes, les Gaulois et les Grecs. Puis les Romains, qui firent déposer leurs sépulcres le long de la voie Aurelia, à l'entrée de la ville. A partir du IVe siècle, la nécropole devint chrétienne et s'agrandit considérablement, au point de compter à la fin du Moyen Age dix-sept chapelles et églises. Le lieu impressionna Dante à tel point qu'il le cita dans le IXe Chant de l'Enfer... Une légende médiévale veut que le corps de Roland tué à Roncevaux fût porté sur ces lieux mêmes; et Arioste, dans le Roland Furieux, situe ici, sous ces arbres centenaires et parmi ces pierres millénaires, le grand duel entre Roland le paladin et les Sarrasins. En novembre 1888, Vincent Van Gogh et son ami Gauguin peignirent au même endroit: mais ils ne choisirent jamais le même sujet et n'installèrent jamais leurs chevalets à proximité l'un de l'autre. Les toiles qui en résultèrent furent complètement différentes: celle de Gauguin, plus délicate et plus douce; celle de Van Gogh céda à la plus forte émotion, avec des couleurs vives, un coup de pinceau rapide et vibrant, presque brutal. C'est d'ailleurs en Arles que prit forme la tragédie de Van Gogh, qui avait d'abord tenté d'attaquer avec un rasoir son ami Gauguin et s'était coupé l'oreille gauche, immédiatement après, dans sa chambre, en proie à une crise de démence. Mais dans la paix des Alyscamps, rien ne laissait-il encore présager l'imminente tragédie?

La Renaissance marqua le début du déclin des Alyscamps. Les nobles seigneurs d'Arles prirent la terrible habitude d'offrir à leurs hôtes illustres un ou plusieurs sarcophages qu'ils choisissaient bien sûr parmi les plus beaux et les mieux sculptés de la nécropole; les moines, gardiens du cimetière, prenaient les pierres des antiques sarcophages pour construire leurs églises; on dit même que Charles IX, qui voulait se constituer une collection privée de sarcophages, en chargea sur un bateau un nombre tel que celui-ci coula... L'homme et le progrès (citons la voie ferrée qui coupe l'entrée du cours) ont donc détruit en grande partie le caractère sacré d'un lieu où le temps s'était arrêté pendant 2 000 ans. Mais la beauté, le calme et la tranquillité n'ont pas abandonné la nécropole où la mélancolie reste le seul témoin de son splendide passé. La **fontaine Amadieu Pichot,** polychrome, est une œuvre gaie: les médaillons centraux sont l'œuvre de l'artiste arlésien Paul Balze.

La pittoresque fontaine Amadieu Pichot, inaugurée en 1887.

L'une des quatre versions du pont de Langlois peintes par Van Gogh.

Le pont de Langlois - Van Gogh peignit quatre versions de ce sujet: ce pont, qui unissait Arles à Port-de-Bouc fut démoli en 1935 et a été reconstruit récemment, identique à l'ancien, en souvenir du grand peintre.

Inaugurée en avril 1887 sous la présidence de Mistral, cette fontaine est dédiée à un illustre citoyen d'Arles, l'homme de lettres Amadieu Pichot. Né dans cette ville le 3 novembre 1795, Pichot se rendit, encore très jeune, à Paris où il suivit les cours du Collège de Juilly. Docteur en médecine en 1817, il fut toujours passionné de littérature anglaise et fonda la *Revue Britannique;* dans un livre intitulé L'Arlésienne, il regroupa toutes les poésies que lui avaient inspiré les beautés pittoresques d'Arles. Quand il mourut, à l'âge de 80 ans, sa ville voulut lui témoigner son émotion en lui dédiant cette fontaine gaie et colorée, située au carrefour de deux rues, et qui accueille chaleureusement les visiteurs en Arles.

Chaque samedi matin se déroule, Boulevard des Lices, un marché très coloré. On y vend de tout, des objets plus ou moins anciens, des étoffes typiquement provençales, des dizaines et des dizaines d'herbes et épices typiques de la région.

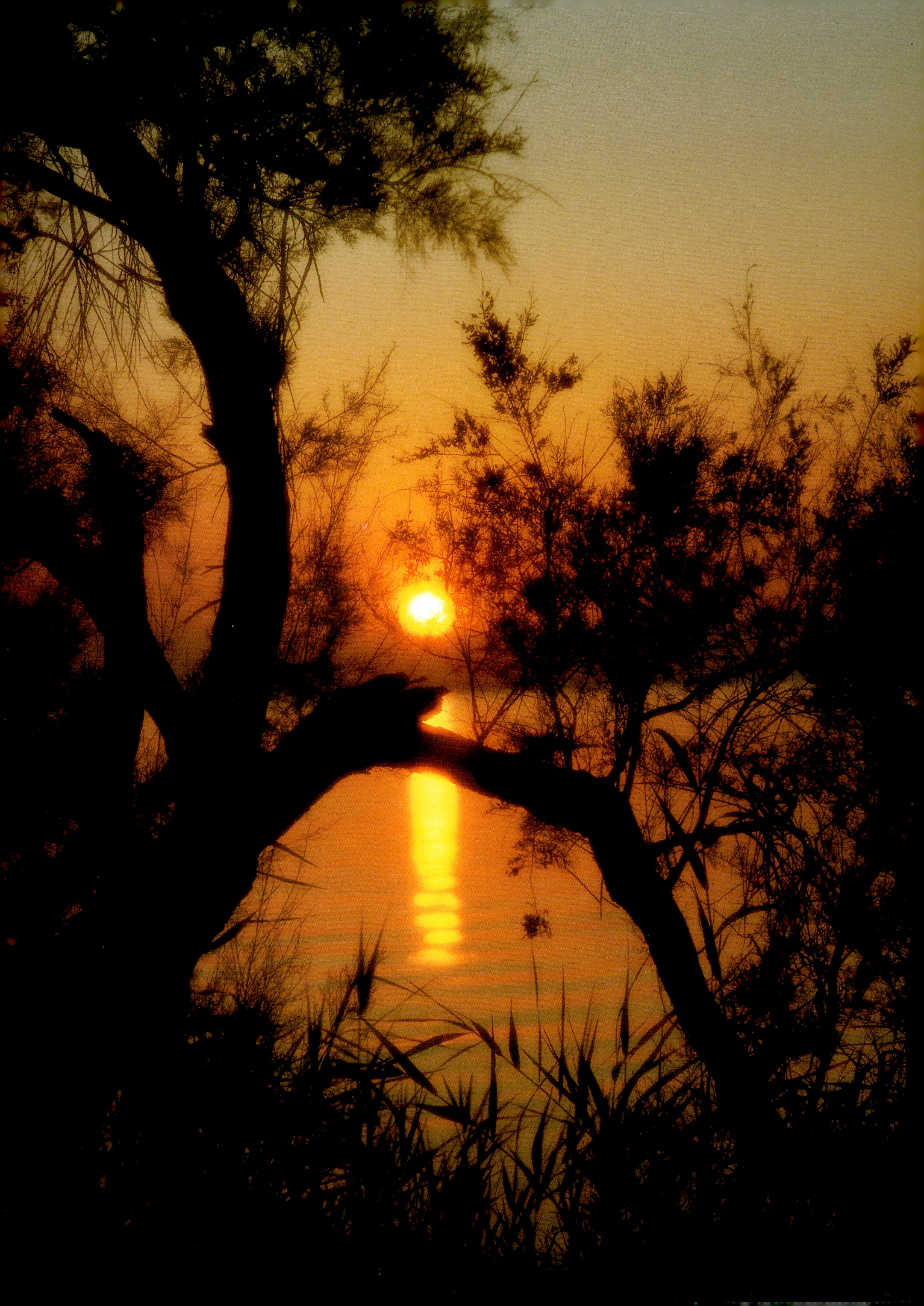

Un coucher de soleil suggestif et une image typique de la Camargue.

LA CAMARGUE

Cette vaste région (environ 800 kilomètres carrés), qui s'étend entre les deux bras du Rhône et la mer, occupée au centre par l'immense étang de Vaccarès, est l'une des plus intéressantes de France. Dès les temps les plus anciens, le delta du Rhône a été une sorte de porte ouverte sur la mystérieuse région de la Gaule; et comme toutes les choses inconnues, il représentait pour l'imagination des périls de toutes sortes. Pour Hésiode, le delta était, comme le Pô et le Rhin, l'une des trois bouches de l'Enfer. Il faut dire que le fleuve a effectivement créé un paysage surprenant: son cours a subi, au cours des siècles, d'innombrables modifications, modifiant à son tour les terres qu'il traverse. Chaque année, le fleuve charrie vers la mer des sables et des détritus qui font avancer le littoral de 10 à 50 mètres par an; dans le même temps, la mer pénètre à l'intérieur et conquiert de nouveaux espaces. Le village de Saintes-Maries-de-la-Mer, qui au Moyen Age se trouvait à plusieurs kilomètres de la côte, n'était plus qu'à 600 mètres du littoral en 1814, et se trouve aujourd'hui baigné par les eaux. A cause du processus inverse, le Phare de Saint-Louis, construit en 1737 sur les bouches du Rhône, s'élève aujourd'hui, isolé à l'intérieur des terres, à 5 kilomètres de la Méditerranée. Cette immense plaine d'étangs et de marécages, de lagunes et de sable, dont l'eau et la terre sont imprégnées de sel (ce qui a toutefois permis la culture du riz, qui atteint aujourd'hui une superficie de 20 000 hectares), cette vaste plaine a donc inspiré depuis toujours les peintres et les poètes: des «Chants palustres» de Joseph d'Arbaud aux descriptions poétiques d'Alphonse Daudet, et à son plus grand chantre, Frédéric Mistral, qui a situé en Camargue la fin tragique de la protagoniste de «Mirèio». «Ni arbre, ni ombre, ni âme»: ainsi Mistral définissait-il cette plaine uniforme, presque parfaitement rectiligne. Son point le plus élevé, Albaron, est à 4 mètres 50 d'altitude; et le plus bas, l'étang de Vaccarès, est à 1 mètre 50 en dessous du niveau de la mer. Cette vaste terre si plate est une réserve zoologique et botanique stupéfiante. En 1928 la *Société Nationale de Protection de la Nature et d'Acclimatation de France* constitua à l'étang de Vaccarès une réserve naturelle, interdisant à quiconque de chasser, pêcher, cueillir les fleurs et les plantes. En 1950 le chercheur suisse Luc Hoffmann, qui avait décidé de consacrer toutes ses recherches à la Camargue, y fonda une station biologique en liaison avec le CNRS français, et se consacra à l'étude des oiseaux, avec une particulière attention pour leurs mouvements migratoires. On trouve en Camargue, à part la très riche et

Plusieurs aspects caractéristiques de la Camargue: les taureaux, les chevaux, les hérons et les flamands roses font partie intégrante du paysage camarguais.

merveilleuse flore, environ 400 espèces animales, sédentaires ou de passage. Cette région du Rhône est en effet l'une des plus importantes stations migratoires d'Europe: le passage des flamants roses est l'un des spectacles les plus émouvants de la Camargue. L'année 1969 en vit plus de 10 000, en provenance d'Afrique du Nord. Le maître incontesté de la région est le taureau «camargue», *lou biòu* en provençal, solitaire et majestueux, ou en compagnie du troupeau, la *manade*. Le taureau est souvent protagoniste de corridas particulières où, contrairement à ce qui se passe en Espagne, il n'est pas tué, la «course à la cocarde» est l'épreuve pendant laquelle les concurrents tentent, à l'aide d'un crochet à plusieurs dents, d'attraper une cocarde rouge accrochée entre les cornes de l'animal: et le Prix est fonction de la quantité de cocardes prises. L'inséparable compagnon de ce taureau, petit (il mesure en général 1 mètre 35 au garrot) est un cheval blanc, très beau et très résistant aux origines incertaines: certains prétendent qu'il descend du cheval de la période solutréenne, c'est-à-dire du paléolithique supérieur; d'autres affirment qu'il fut importé par les Carthaginois, ou par les Maures, ou de l'Asie Centrale. Son complément est le *gardian* avec sa grande perche, qui sert à rassembler les bêtes, et porte le nom de *lou ferre;* le gardian porte un vêtement traditionnel qui l'apparente au cow-boy américain.

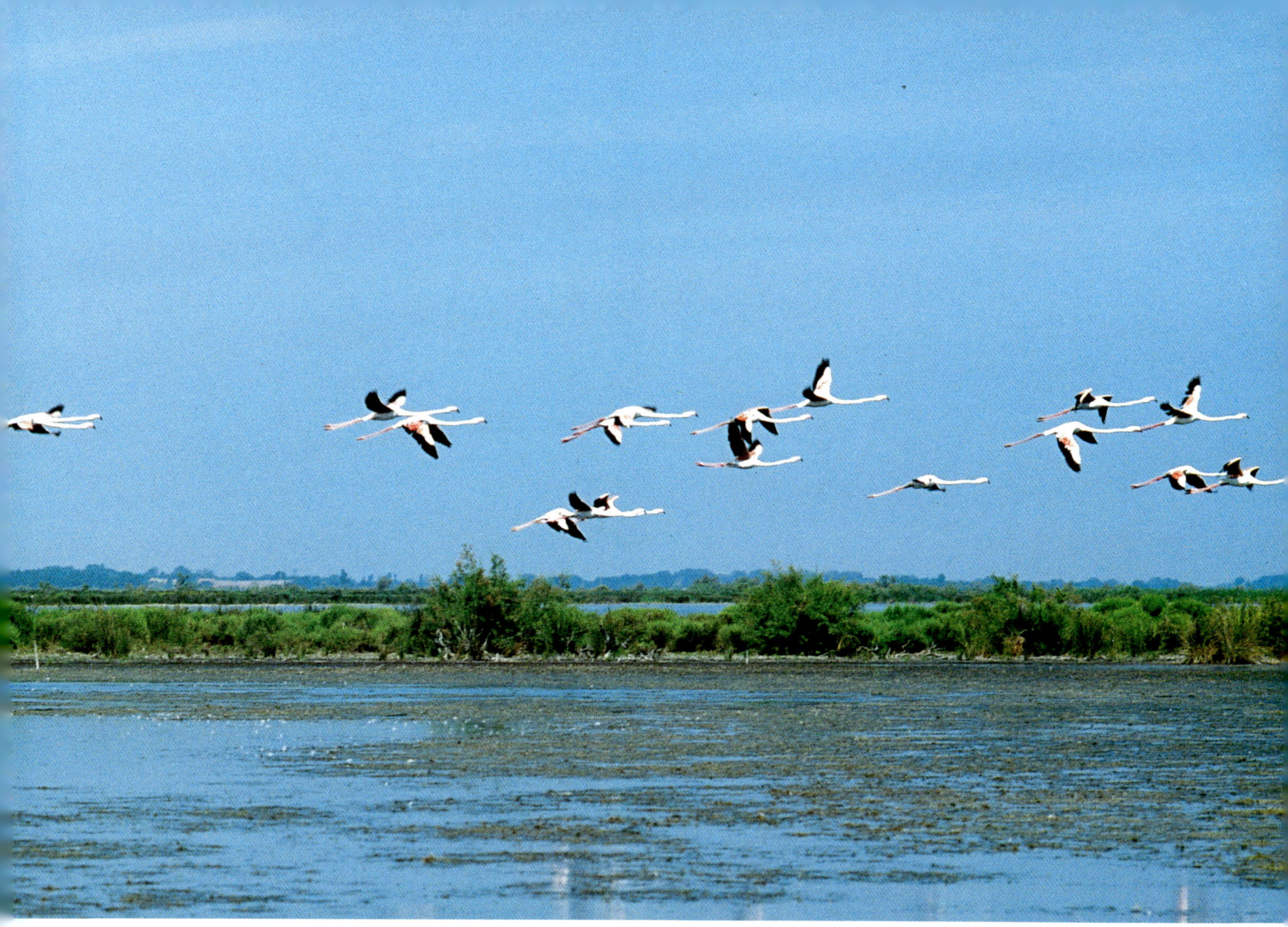

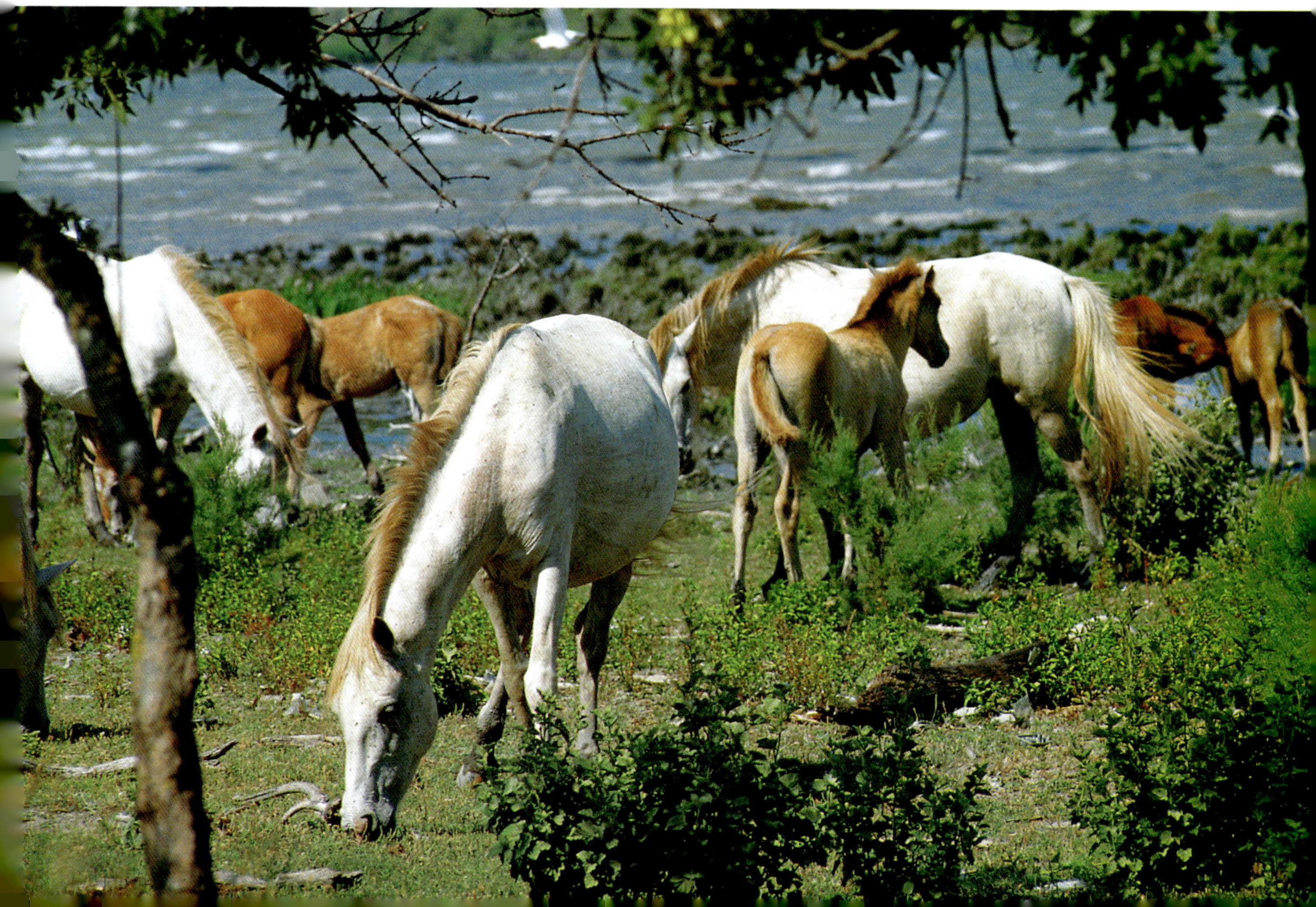

104

L'église des Saintes-Maries-de-la-Mer avec les statues des saintes conservées à l'intérieur: celle de sainte Sarah, à la peau sombre, est portée en procession et les deux statues de Marie-Jacobé et Marie-Salomé, conservées dans une niche à l'intérieur de l'église.

SAINTES-MARIES-DE-LA-MER

D'après une légende provençale, vers l'an 40 après J.-C., trois femmes capturées et persécutées par les Juifs à Jérusalem, furent jetées à la mer et livrées aux flots avec d'autres compagnons de foi, dans une barque sans voile et sans rames, sans aucune nourriture. Ces femmes étaient Marie-Jacobé, sœur de la Vierge; Marie-Salomé, mère des apôtres Jacques le Majeur et Jean; et Sarah l'Egyptienne, servante noire des deux Maries. Leurs compagnons étaient Lazare, Marie-Madeleine, Marthe... Par miracle la barque échoua sur ces rives où les femmes élevèrent un petit oratoire à la Vierge. Puis les disciples se séparèrent, qui à Tarascon, qui à Marseille, qui à Aix, pour convertir et évangéliser. Les deux Maries et Sarah restèrent sur place jusqu'à leur mort, et les fidèles conservèrent dans l'oratoire leurs reliques, qui devinrent rapidement l'objet d'un culte; l'oratoire, transformé en église, fut fortifié au IXe siècle et englobé dans les murs d'enceinte, ce qui lui donna cet aspect caractéristique de forteresse, mis en évidence par l'importante abside. Parmi les premiers fidèles, on trouva les nomades, tziganes et gitans qui, dès le milieu du XVe siècle, avaient trouvé dans les espaces infinis de la Camargue, la mesure de leur éternel vagabondage. Ils commencèrent alors, de plus en plus nombreux et de plus en plus émus, à participer aux pélerinages annuels qui ont lieu, aujourd'hui encore, une première fois la nuit du 24 au 25 mai, puis vers le 22 octobre. La statue de sainte Sarah, pour qui les tziganes ont une particulière vénération, est portée en procession jusqu'à la mer où elle est immergée, tandis que la foule multicolore des gitans venus du monde entier entoure la protectrice. La fête dure 10 jours: les courses de chevaux, les corridas de taureaux et les ferrades sont l'occasion de retrouvailles pour les nomades, les femmes en costume arlésien et les gardians venus de toute la Camargue...

AIGUES-MORTES

Aigues-Mortes, avec ses étonnants souvenirs médiévaux, se trouve aux confins de la Camargue, dans un curieux paysage de lagunes et de canaux. Les dates de son histoire sont peu nombreuses mais significatives.
1240: Louis IX dit Saint Louis ne contrôle aucun port directement; mais il obtient ce territoire des moines de l'abbaye de Psalmody, pour en faire une base militaire et un port d'embarquement à l'occasion de la croisade qu'il a prêchée. 1248: trente-huit navires appareillés à Gênes, sont prêts à quitter Aigues-Mortes et rejoindre la mer par l'étroit canal de Grau Louis. 1270: Louis IX quitte encore une fois Aigues-Mortes (c'est la Septième Croisade) mais il meurt de la peste, aux portes de Tunis, le 25 août. 1241: c'est la Guerre de Cent Ans; les Bourguignons s'emparent de la ville mais les Armagnacs attaquent la garnison par surprise, massacrent tous les Bourguignons qu'ils rencontrent, puis les jettent dans une tour qu'on appellera plus tard la Tour des Bourguignons. Les cadavres sont tellement nombreux qu'on doit les recouvrir de sel pour éviter la putréfaction: d'où l'expression «bourguignon salé» que l'on retrouve dans le texte d'une chanson...
Aigues-Mortes reste une ville riche jusqu'au milieu du XIVe siècle: puis la mer se retire et le canal se remplit de sable. La création du canal de Sète au XVIIIe siècle porte le coup de grâce à son port. L'activité d'Aigues-Mortes se tourne alors vers les vignobles et les salines.
Aigues-Mortes est l'un des plus beaux exemples de villes médiévales fortifiées. Elle est complètement entourée d'une enceinte en forme de quadrilatère, dont les murs sont surmontés d'un chemin de ronde avec 20 tours crénelées et 10 portes. L'enceinte fut construite par les consuls gênois Nicola Cominelli et Guglielmo Boccanegra, sous Louis IX avant son départ pour la croisade de 1248; elle fut achevée par son fils Philippe III dit le Hardi.
La **Tour de Constance** s'élève, isolée, à l'angle nord-ouest des remparts; c'est un donjon massif de forme cylindrique relié aux murs par un pont, qui fit fonction de phare tant que dura l'activité maritime d'Aigues-Mortes. Puis la tour servit de prison pendant 5 siècles: on y enferma les Maîtres Templiers, les Huguenots et les prisonniers politiques. La détention la plus célèbre fut celle de Marie Durand, qui défendit sa foi protestante avec acharnement et resta enfermée 38 ans. C'est elle qui grava sur le mur de sa cellule le mot: «Résistez».

Deux images qui mettent en relief la beauté et le bon état de conservation de l'enceinte fortifiée d'Aigues-Mortes et une vue aérienne de la ville.

La façade de l'église St-Gilles.

SAINT-GILLES

La petite ville de Saint-Gilles, aujourd'hui florissant marché agricole situé dans une riche plaine de vignobles et de céréales, est une énigme quant à son histoire ancienne. Etait-ce un port? Peut-être l'antique Heraklea fondée par les Phéniciens? Difficile à dire... On admet, tant bien que mal, que son nom ancien était Vallis Flaviana. La légende raconte que saint Egide y débarqua un jour, au VIIIe siècle c'était un abbé athénien qui, touché par la grâce, avait distribué toutes ses richesses aux pauvres et s'était embarqué sur un bateau pour venir vivre finalement dans une grotte, aux bouches du Rhône. Un jour, une biche qui lui apportait un peu de nourriture, se réfugia chez l'ermite, poursuivie par le fils du roi visigoth Wambo; l'abbé arrêta d'un seul geste la flèche qui allait frapper l'animal à mort. Le roi visigoth, impressionné par ce miracle, voulut connaître personnellement le saint et décida de fonder une abbaye. Saint Gilles se rendit ensuite à Rome pour y faire reconnaître son abbaye: le pontife lui fit don de deux portes sculptées que le saint jeta dans le Tibre. Les portes descendirent le fleuve et traversèrent la mer, puis remontèrent le cours du Rhône pour arriver jusqu'à la grotte sacrée. Saint Gilles fut enterré dans l'église qu'il avait construite, et devint l'objet d'un culte. L'abbaye et la petite ville qui l'entourait bénéficièrent longtemps de la protection des papes, des rois de France et des comtes de Toulouse: jusqu'à l'hérésie albigeoise dont l'extension fit tomber tous ces privilèges. Le 5 janvier 1208, le légat pontifical Pietro da Castelnau fut assassiné devant le portail de l'église par un écuyer de Raimond VI, qui fut immédiatement excommunié; Raimond de Toulouse ne fut pardonné que le 29 juin de l'année suivante, après avoir été flagellé nu dans l'église et s'être prostré devant la tombe de la victime. En 1562, en plein déroulement des guerres de religion, les moines de l'abbaye furent jetés dans le puits de la crypte et l'église fut incendiée. En 1622 le clocher fut démoli à son tour et l'église presque entièrement détruite, sauf la splendide **façade** considérée à juste titre comme le plus bel exemple de sculpture romane méridionale. Sa construction fut commencée en 1180 et terminée en 1240; trois écoles y participèrent: les sculpteurs de l'école de Toulouse s'occupèrent du portail central, le plus ancien; des artistes venus d'Ile-de-France exécutèrent les portails latéraux; enfin des artistes locaux achevèrent les statues des apôtres des avant-corps.

Comme celle de Saint-Trophime en Arles, la façade de Saint-Gilles est unique en Provence; par sa richesse, la beauté et l'étendue des sculptures sur tout le front de l'édifice, elle est vraiment digne de rivaliser avec les grandes cathédrales gothiques du nord.

A l'intérieur, la **crypte,** datant de 1180 environ, autrefois couverte d'une voûte d'arêtes. D'une longueur de 50 mètres et d'une largeur de 25, elle a conservé des voûtes en ogive qui comptent parmi les plus anciennes connues en France. Le chœur est malheureusement en ruines, mais, dans l'escalier du clocher N., subsiste la célèbre «vis de Saint-Gilles», chef-d'oeuvre de stéréotomie.

A côté de l'église, une maison romane a été conservée, très restaurée; la tradition en a fait la **maison natale de Guy Foulque,** élu pape le 5 février 1265 sous le nom de Clément IV.

L'un des bas-reliefs qui décorent l'église St-Gilles et ce qui reste de l'escalier en colimaçon du clocher nord.

Quelques images de la très belle abbaye de Montmajour: en bas à gauche, l'imposante Tour de l'Abbé et ci-contre, en haut, un détail du cloître, considéré comme le plus beau de la Provence, après celui de St-Trophime à Arles, et une vue des ruines de l'abbaye.

ABBAYE DE MONTMAJOUR

Les environs de cette colline, où l'on trouve aujourd'hui des cultures de riz, étaient autrefois envahis par des marécages. Le sommet de la colline, de tout temps considéré lieu sacré, fut d'abord habité par des populations préhistoriques, puis par les Celtes et enfin par les Romains. Après les invasions sarrasines, Montmajour devint nécropole chrétienne. Un document daté du 7 octobre 949 laisse supposer qu'une femme du nom de Teucinda l'avait achetée pour en faire ensuite don à un groupe religieux. En tous cas Louis le Gros y envoya des moines, qui se consacrèrent patiemment à l'assèchement de ces marécages. Et l'abbaye d'ordre bénédictin se constitua au Xe siècle autour de ce cimetière chrétien. Sa notoriété s'accrût rapidement grâce, entre autres, à un «Pardon» créé en 1030, qui se répétait chaque année, le 3 mai, et attirait une immense foule de pélerins et de fidèles. Mais l'abbaye tomba en décadence dès le XVIIe siècle: son dernier abbé, le cardinal de Rohan, fut sérieusement compromis pour avoir fait cadeau d'un collier de très grande valeur à la reine Marie-Antoinette, sans pouvoir ensuite le payer. Il subit un procès et fut acquitté; le roi ordonna néanmoins la fermeture de l'abbaye en 1786, par mesure de représailles. Celle-ci fut vendue quelques années plus tard à une femme, pour la somme de 62 000 francs payables en 12 ans, mais l'acheteuse était insolvable; l'abbaye fut donc revendue à un marchand, pour la somme beaucoup plus modeste de 23 000 francs. Celui-ci vendit à son tour certaines parties de l'abbaye à de petits propriétaires qui y habitaient; l'édifice fut enfin récupéré au siècle dernier et patiemment restauré. Du vaste ensemble de l'abbaye, majestueusement solitaire sur son éperon rocheux, il reste aujourd'hui l'**église de Notre-Dame**, du XIIe siècle, avec sa crypte en partie creusée dans la roche et son cloître, de la fin du XIIe siècle également, considéré, après celui de Saint-Trophime en Arles, comme le plus beau cloître roman de Provence; ses chapiteaux offrent un splendide exemple de bestiaire sculpté: on y trouve le monstre légendaire de la «Tarasque», la Salamandre, Jonas et sa baleine, un cavalier attaqué par un lion... Il reste aussi la *Chapelle Saint-Pierre,* creusée par moitié dans la roche de la colline et la *Chapelle de la Sainte-Croix,* petit édifice en croix grecque, aux proportions particulièrement harmonieuses. Enfin les tombes, découvertes par les moines pendant leurs travaux d'assèchement, sont elles aussi dignes d'intérêt: creusées dans la roche, elles comportent un coussinet de pierre qui servait à soutenir la nuque du défunt.

Deux vues du Moulin de Daudet.

MOULIN DE DAUDET

Quand Alphonse Daudet, le grand écrivain né à Nîmes en 1840 et mort à Paris en 1897, venait à Fontvieille, il résidait chez des amis, au château de Montauban. Il était donc bien loin de posséder un moulin. Et c'est pourtant ce château le vrai, l'authentique «moulin de Daudet», où naquirent les «Lettres de mon moulin». C'est plus exactement là qu'il les situa, de façon imaginaire, puisqu'elles furent en réalité écrites à Paris en 1865, et publiées quatre ans plus tard. On accède au moulin, dont le mécanisme fonctionne encore, par une belle allée ombragée, bordée de pins. L'écrivain provençal, fin connaisseur de cette terre qui était la sienne et qu'il a décrite avec délicatesse, aimait s'y promener, flâner et bavarder avec le meunier. Restauré en 1938, le moulin a été par la suite transformé en un musée, qui renferme des souvenirs et des objets d'Alphonse Daudet.

Les Baux-de-Provence - Les structures de l'ancien château se confondent avec la roche.

LES BAUX-DE-PROVENCE

Un dur éperon rocheux d'une longueur de 900 mètres: là, à 280 mètres d'altitude, les ruines d'une ville médiévale, avec un château détruit et des maisons éventrées. C'est le spectacle qu'offrent aujourd'hui les Baux, autrefois siège d'une cour raffinée et centre de la poésie des Troubadours. L'impression est saisissante. Le peuplement de cet endroit remonte aux temps préhistoriques, certainement à l'âge du fer, mais c'est au Moyen Age que se révèle pleinement l'importance historique et artistique des Baux.

A la fin du Xe siècle, une puissante famille féodale s'y est déjà solidement établie, et contrôle toute la région. A la fin du siècle suivant, elle est l'une des plus fortes de tout le sud de la France, avec 79 bourgs et villages à ses dépendances.

«Raço d'eigloun, jamai vassalo» (race d'aiglons, jamais vassale) écrira Mistral à propos de leur force et de leur orgueil. Ils avaient en effet tellement d'orgueil, les seigneurs de Baux, qu'ils prétendaient descendre de Balthazar, l'un des légendaires rois Mages: pour confirmer leur généalogie supposée, ils avaient ajouté à leurs armoiries une étoile à seize branches d'argent. Et ils étaient si puissants qu'ils réussirent, du haut de leur citadelle, à tenir tête aux Comtes de Provence pendant plusieurs siècles. Leur histoire est une longue et tumultueuse succession de guerres, de trahisons, de sang et de morts. Et ce n'est pourtant pas la raison de la célébrité des Baux qui s'étendait, au Moyen Age, à toute l'Europe féodale. Ces princes-guerriers côtoyaient les Troubadours, nouveaux poètes nés de la société féodale; c'est aux Baux que les plus célèbres de l'époque trouvèrent asile et protection: Raimbaut de Vacqueiras, Boniface de Castellane, Guy de Cavaillon. C'est aux Baux que se tiennent les plus célèbres et séduisantes «cours d'amour» de la Provence: en présence des femmes, toujours nobles et belles, on y chante l'amour sous sa forme la plus haute et recherchée. Le désir du troubadour, toujours insatisfait mais jamais tari, est au centre de toute cette conception poétique et amoureuse. On discute des problèmes de galanterie, de cour et de chevalerie; on joue, on danse et on se divertit: quand il y a un vainqueur, celui-ci reçoit de la femme la plus belle une couronne de plumes de paon et un baiser... Mais ce monde-là aussi devait finir un jour: c'est la mort d'Alix, dernière princesse des Baux, qui marque la fin de la lignée; annexés par les comtes de Provence, les Baux deviennent une simple baronnie puis sont incorporés au royaume de France. En 1528 les Baux connaissent un bref moment de prospérité sous le connétable Anne de Montmorency, puis deviennent un dangereux foyer protestant. En 1632 Louis XIII, préoccupé par l'existence de cette indocile et tur-

l'Aventurine
Galerie d'Art
Marbre
Céramique
Restaurant
Crêperie
Glacier

bulente citadelle, décide de démolir le tout, château et remparts.

Ainsi aujourd'hui les ruines se confondent-elles avec la roche, formant une étrange union entre l'œuvre de l'homme et celle de la nature: une sorte de paysage hallucinant et irréel dont s'inspira, suivant la légende, Dante Alighieri pour la description des Cercles de l'Enfer. On retrouve sans difficulté l'ombre des anciens seigneurs féodaux et de leurs pâles troubadours: il suffit de marcher au hasard dans les rues des Baux...

La petite **église Saint-Vincent** nous offre encore son élégant clocher du XVIe siècle appelé la «lanterne des morts». Il est de forme ronde, ouvert par quatre arcades et couvert d'une petite coupole: on dit que la nuit, au Moyen Age, on y allumait une torche chaque fois qu'un citoyen important mourait. L'église a perpétué une cérémonie émouvante et délicate qui se déroule la nuit de Noel: la *messe des bergers*. Cette cérémonie remonte au XVIe siècle et repropose la naissance du Christ au milieu de chants et de scènes de style médiéval. On pose l'agneau, qui sera offert à l'Enfant nouveau-né, sur un tapis de laine rouge, dans un petit charriot illuminé de chandelles; puis on le porte en

Un boutique typique provençale située dans un ancien édifice; un angle du palais de Jean de Brion; l'église St-Vincent et la Maison des Porcelets, du XVIe siècle.

Un autre raccourci sur les belles maisons qui s'alignent le long des petites rues des Baux et les belles fenêtres en croisée de l'Hôtel de Manville.

La chapelle, du XVIIe siècle, dite des Pénitents Blancs, sur la place Saint-Vincent; une chapelle du XVIe siècle, siège actuel du Musée des Santons provençaux; l'extérieur de l'église Saint- Blaise, du XIIe siècle.

Un imposant rocher calcaire érodé par le vent, une vue du «colombarium» et deux images illustrant les vestiges d'une chapelle à l'intérieur du château.

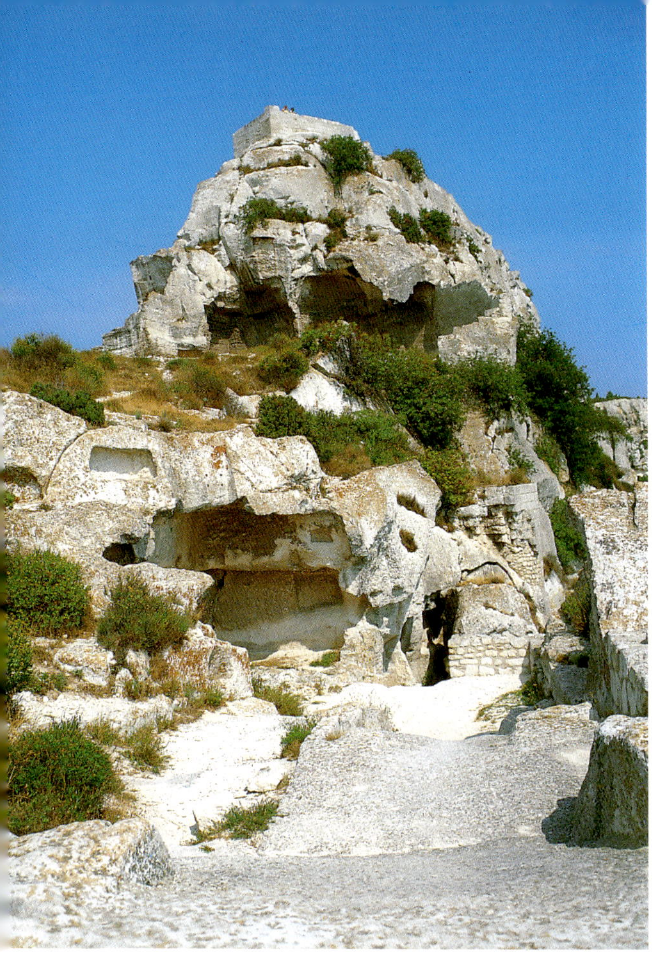
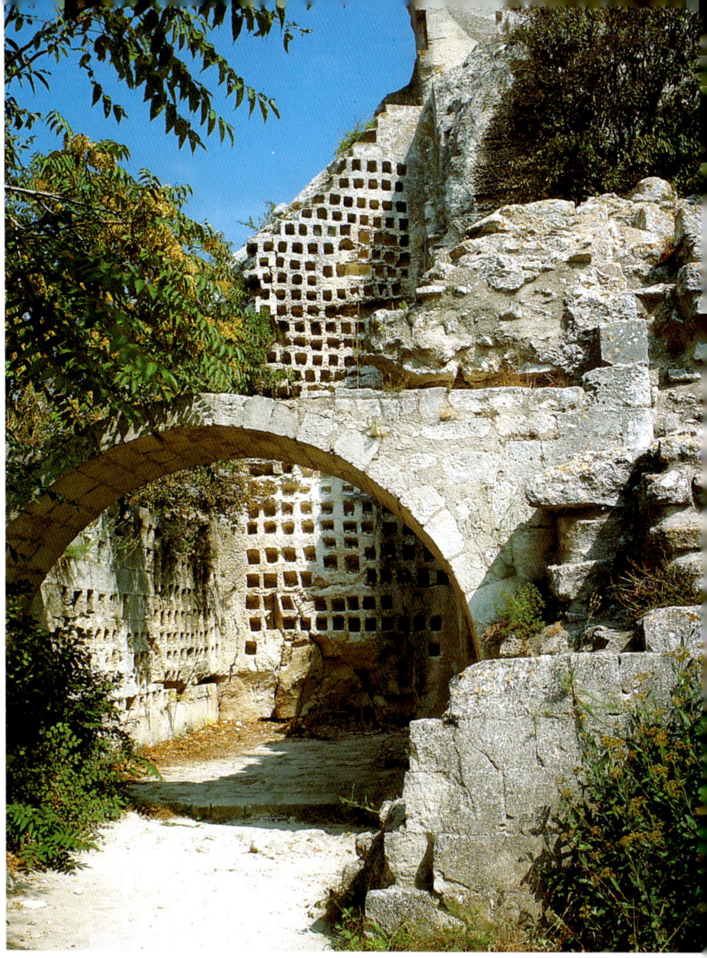
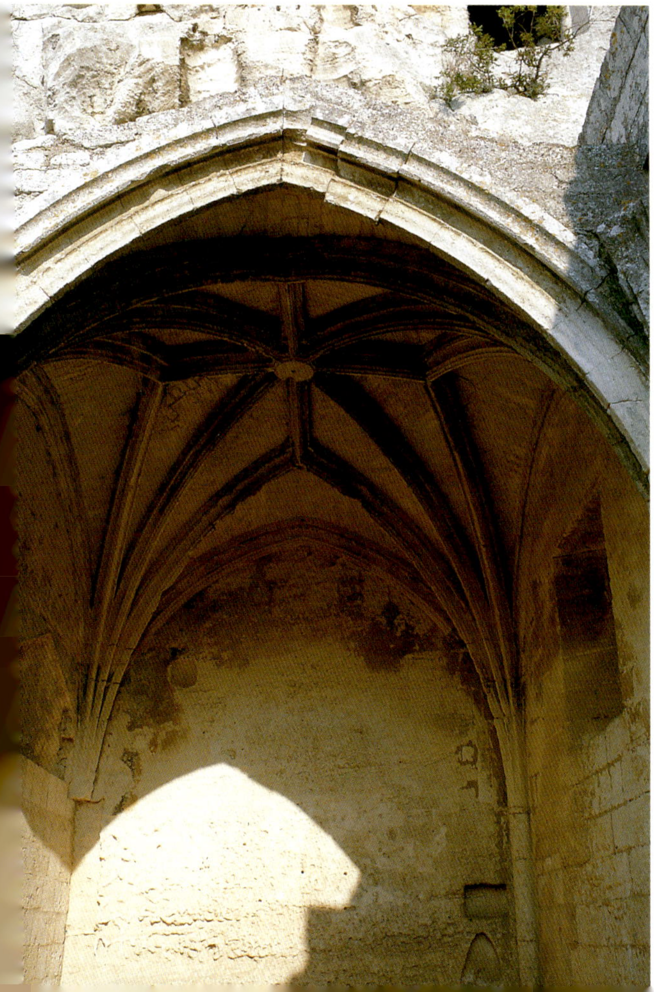
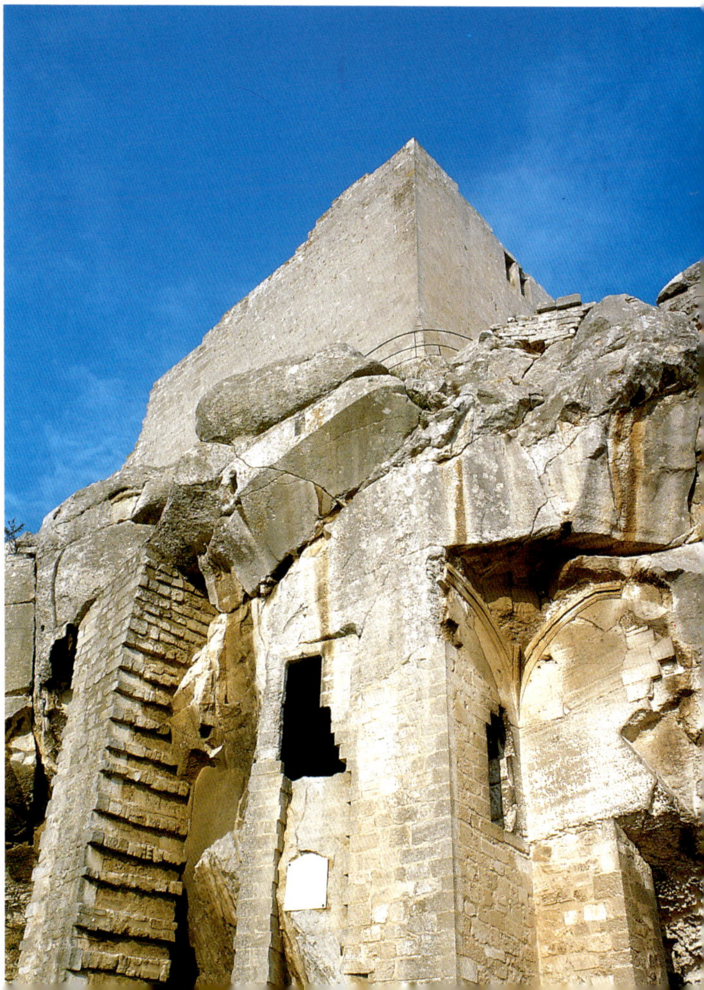

Les ruines du château et le monument au poète Charloun Rieu.

procession, précédé des anges et des tambours, et suivi des bergers avec leurs troupeaux, jusqu'à l'autel principal de l'église. Autour de l'autel, se déroule toute la cérémonie symbolique, avec les chants et les dialogues entre les anges et les bergers, qui apportent des corbeilles de fruits et des cadeaux en hommage. Au moment de l'Elévation, il est d'usage de pincer trois fois la queue de l'agneau pour le faire bêler, face à l'événement: le retour de la naissance du Christ.

On remarquera, près de l'église, la **Maison des Porcelets,** du XVIe siècle. Au rez-de-chaussée, une vaste salle voûtée en ogive. Les fresques du XVIIe siècle ont été conservées: elles représentent les allégories des Quatre Saisons. Une autre demeure digne d'intérêt est l'**Hôtel de Manville**, construit en 1571, doté d'une belle façade, aujourd'hui siège d'un Musée d'Art Moderne; on ne manquera pas d'admirer la magnifique *fenêtre à croisée,* devant l'Hôtel, témoin isolé de la destruction de la ville. Sous la corniche, une inscription significative «Post tenebras, lux» qui semble une lueur d'espoir vers une nouvelle vie, que la ville et ses habitants ne connurent malheureusement jamais.

Les puissantes murailles des Baux semblent émerger comme par enchantement de la roche.

On obtient une vision d'ensemble des Baux en montant jusqu'à l'emplacement du redoutable château d'autrefois: à cet endroit, la roche est percée d'innombrables trous carrés, tous semblables, qui contenaient probablement les cendres des morts incinérés *(colombarium)*; d'autres pensent qu'il s'agit des restes d'un ancien colombier. En bas, au pied de l'escarpement, on peut voir le petit temple octogonal du **Pavillon de la reine Jeanne,** du XVIe siècle, que Mistral trouva si beau qu'il en fit exécuter une copie pour sa tombe à Maillane. Mistral est bien le plus célèbre chantre de ces lieux; mais il n'est pas le seul: Charloun Rieu, né en 1846 et mort en 1924, était un paysan-poète, et il chanta lui aussi sa terre, qu'il aimait. Ses fidèles voulurent lui dédier un **monument,** qui fut construit sur l'un des plus beaux sites des Baux: on domine Arles et la Camargue, et par temps exceptionnellement clair, on voit même les Saintes-Maries-de-la Mer et Aigues-Mortes.

N'oublions pas enfin que ce village a donné son nom à la *bauxite,* minerai découvert en grande quantité en 1822.

Saint-Rémy-de-Provence - Les Antiques : L'Arc et le Cénotaphe et un détail de ce dernier, avec le socle décoré de scènes mythologiques en relief.

SAINT-RÉMY-DE-PROVENCE

Jusqu'en 1921 la petite ville de Saint-Rémy-de-Provence était surtout connue pour avoir donné le jour, en 1503 dans une modeste maison de la rue Hoche, à Michel de Nostredame, devenu célèbre pour ses prophéties et connu sous le nom de Nostradamus. Puis soudainement, en 1921, les fouilles archéologiques révélèrent l'existence jusqu'alors insoupçonnée d'une ville, Glanum, qui devait compter au moins 5 000 habitants. L'endroit connu aujourd'hui sous le nom de **Les Antiques** constituait donc l'entrée de l'antique Glanum, dont elle était inséparable. On reste stupéfait devant les deux monuments qui dominent la campagne brûlée par le soleil. Le **Cénotaphe,** qui date du Ier siècle de notre ère, semble à peine achevé par son auteur. Il a miraculeusement échappé aux outrages du temps et des hommes; c'est l'un des plus beaux du monde romain, et sans aucun doute le mieux conservé. On a longtemps cru, à tort, qu'il s'agissait d'une tombe: c'est en réalité un mausolée dédié aux deux petit-fils d'Auguste morts très jeunes au combat, Caius et Lucius, auxquels est également dédiée la Maison Carrée de Nîmes. D'une hauteur de 19 mètres 30, il comporte un socle décoré d'histoires mythologiques en relief: le combat des Amazones, la mort d'Adonis, et la lutte des Grecs et des Troyens autour du corps de Patrocle. Au-dessus de cette base, le premier étage est ouvert par quatre arcades; le second étage est formé d'un petit temple circulaire dont les colonnes corinthiennes entourent les statues de Caius et Lucius drapés dans la toge romaine. Il ne manque que le pignon couronnant probablement le monument initial, pour que ce mausolée soit tout à fait intact. Par comparaison, l'Arc, sous lequel passait la voie des Alpes qui arrivait jusqu'à Milan, est très détérioré mais il est tout aussi important, et tout aussi remarquable: c'est le plus ancien de toute la Gaule Narbonnaise. Caractérisé par ses imposantes proportions et par la haute qualité de ses sculptures, il dénonce une certaine influence grecque. Il comporte une seule arche et mesure 7 mètres 50 de hauteur: en plus de la très fine guirlande de fruits et de feuilles, il est décoré de sculptures représentant des groupes de prisonniers enchaînés à un arbre. L'antique **monastère de Saint-Paul de Mausole,** de la fin du XIIe siècle, se trouve à proximité, dans une plaine fertile où l'on cultive le blé et l'olivier, non loin des Alpilles.

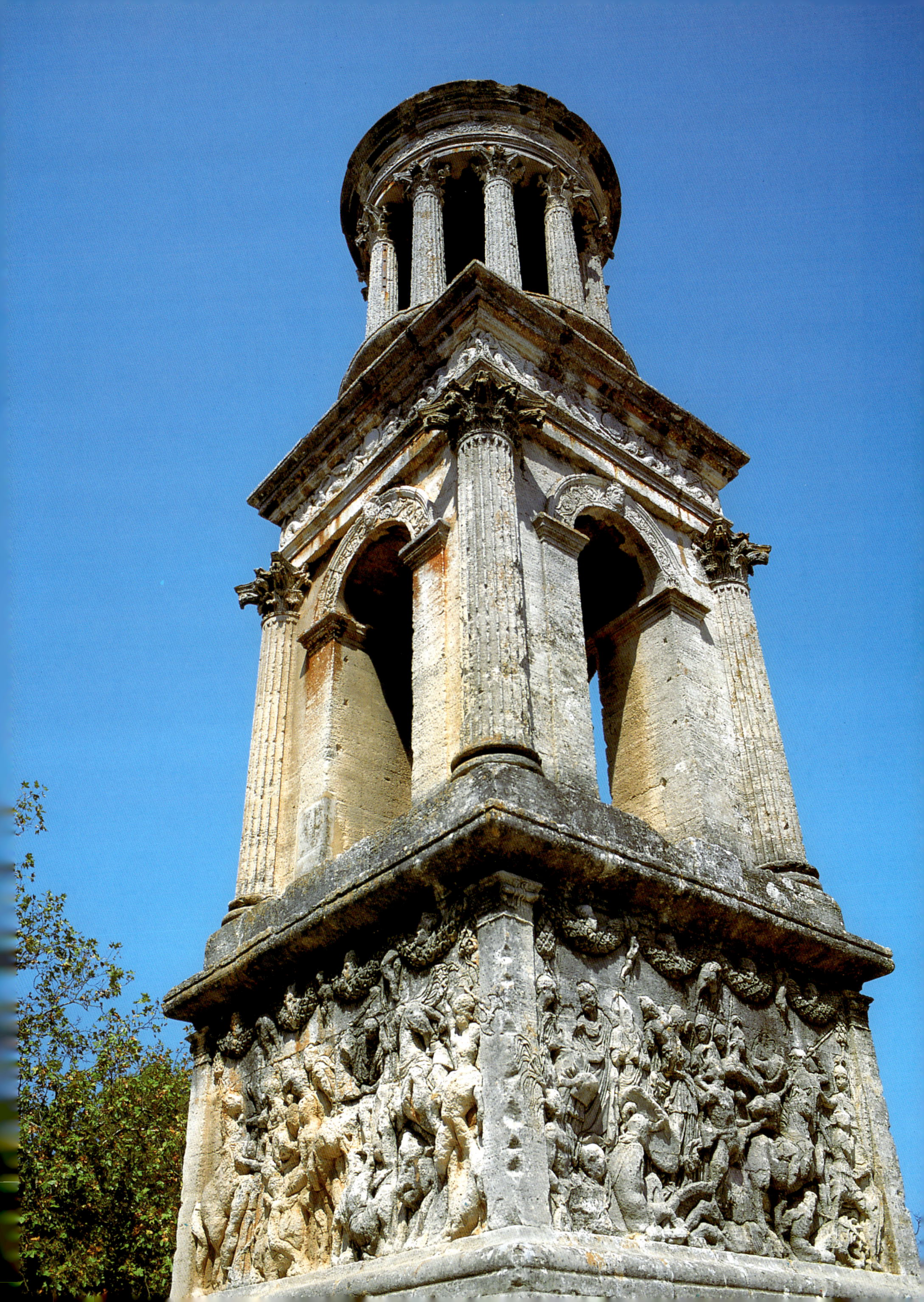

Un aspect du paysage autour des Alpilles.

Saint-Rémy-de-Provence - Le monastère de St-Paul-de-Mausole.

L'origine de ce monastère semble remonter à un événement miraculeux: l'histoire d'un saint homme, prénommé Paul, à qui les habitants de Reims, mis en fuite par les hordes barbares et refugiés sur ces terres, avaient offert la direction de l'évêché. Le saint répondit qu'il n'accepterait que lorsque son bâton, planté en terre, se serait couvert de fleurs, ce qui se produisit effectivement. Ainsi fut fondé le monastère, dont ont survécu l'église et un beau cloître. Au début du XIXe siècle, le monastère augustin fut transformé en maison de repos et agrandi: deux longues ailes furent ajoutées sur les flancs du vieil édifice. L'ensemble était plongé dans la verdure, parmi les champs et les jardins. C'est là que Vincent Van Gogh se fit hospitaliser volontairement en mai 1889, frappé, comme on peut le lire sur le registre d'entrée «de manie aiguë, avec hallucinations de la vue et de l'ouïe...». Le grand peintre réalisa de nombreuses œuvres durant ce tragique séjour: certaines d'entre elles, exécutées dans le jardin, représentent des fleurs, des plantes et des papillons. Il peignit aussi ses célèbres cyprès, et des portraits, dont celui du gardien de l'hospice et l'*Autoportrait à la palette,* de septembre 1889, où le regard halluciné du peintre hollandais manifeste cette force intérieure que seule sa mort, tragique et volontaire, put apaiser.

Glanum - Une vue des fouilles et ce qui reste des «temples géminés».

GLANUM

Un sanctuaire fondé par les commerçants phocéens autour d'une fontaine sacrée – qui alimente encore la piscine construite par les Romains – fut fondé au VIe siècle avant J.-C.: c'était là une étape importante, pour qui se rendait de Marseille en Avignon, et croisait à cet endroit la grande voie qui descendait des Alpes et allait devenir, à l'époque romaine, la Via Domitia. Tel était Glanum, avec ses riches habitations et son nymphée monumental, ses nombreux autels votifs dédiés à Hercule, dont le culte était assidument pratiqué. Après l'occupation de la Provence par les légions de Marius en 102 avant J.-C., la ville-sanctuaire devient Glanum et évolue parallèlement aux phases de romanisation de toute la province. Les fouilles entreprises à Glanum à partir de 1921 ont effectivement mis au jour les fondations de trois époques bien distinctes: la première, hellé-

La reconstruction de la ville de Glanum dans une peinture de Pierre Poulain conservée dans le Musée.

Plan de l'ensemble archéologique de Glanum.

nistique, avec des vestiges de maisons et de nymphées, de temples et de thermes; la seconde, d'époque romaine; la troisième enfin couvre la période qui va de l'occupation de Marseille, en 49 avant J.-C., jusqu'au sac de la ville en 270 après J.-C. Détruite une première fois par les Teutons à l'époque des combats avec Marius, la ville avait été rapidement reconstruite; mais le passage des Francs et des Alamans, aussi brutal qu'inattendu, porta le coup de grâce à la ville, qui avait pourtant connu une période de reprise et d'élan à l'époque carolingienne, quand s'était constituée la Villa Sanctii Remigii qui devint plus tard Saint-Rémy. A ce sujet, une légende provençale raconte qu'au Ve siècle l'évêque de Reims, Rémy, se rendit avec Clovis à Glanum, où il exorcisa une jeune fille possédée du démon. Mais celle-ci ne résista pas à l'exorcisme et mourut. Rémy la fit ressusciter et le père de la jeune fille, frappé par ce miracle, offrit à l'évêque un vaste terrain qui comprenait entre autres un quartier de Glanum. Par la suite, les dépôts d'alluvions qui des-

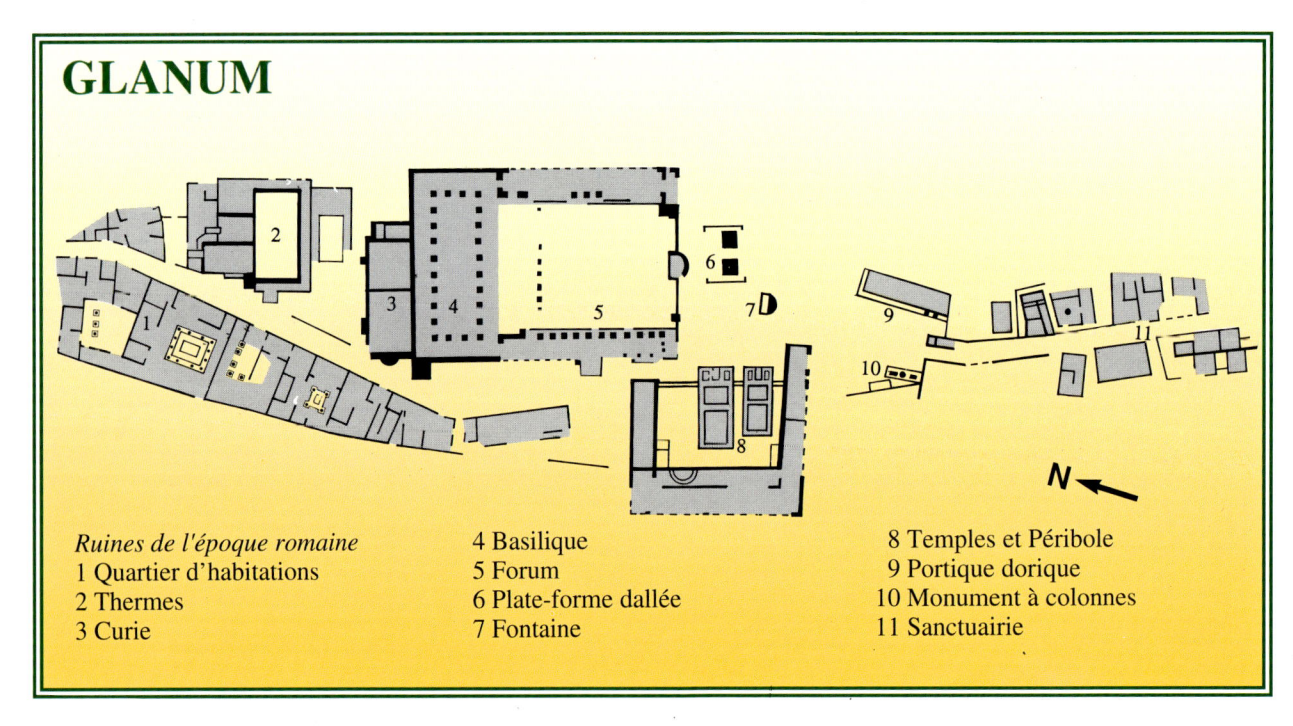

GLANUM

Ruines de l'époque romaine
1 Quartier d'habitations
2 Thermes
3 Curie
4 Basilique
5 Forum
6 Plate-forme dallée
7 Fontaine
8 Temples et Péribole
9 Portique dorique
10 Monument à colonnes
11 Sanctuairie

Une vue de la Maison des Antes : les archéologues l'appelèrent ainsi à cause de la présence de deux piliers massifs cannelés qui encadraient une porte de l'habitation.

La reconstruction, faite en 1992, d'une partie de l'un des «temples géminés».

cendaient des Alpilles recouvrirent progressivement la ville. Les premières fouilles, tout à fait fortuites et occasionnelles, remontent au XVIIIe siècle; elles mirent au jour un cippe funéraire du IIIe siècle dédié à Aebutius Agathon, gardien du trésor de la ville de Glanum. Plus tard on trouva une monnaie d'argent sur laquelle étaient gravés d'un côté un taureau et de l'autre la déesse de la fécondité Demetra. Cette nouvelle découverte fit céder les dernières hésitations; il n'y avait plus de doutes: là, en dessous, se trouvait une ville. Et quelle ville! On découvrit d'abord les **Thermes** dont les piscines étaient directement alimentées par l'antique fontaine sacrée. On peut voir aujourd'hui encore, entre une piscine et un chemin, l'**unctorium**,

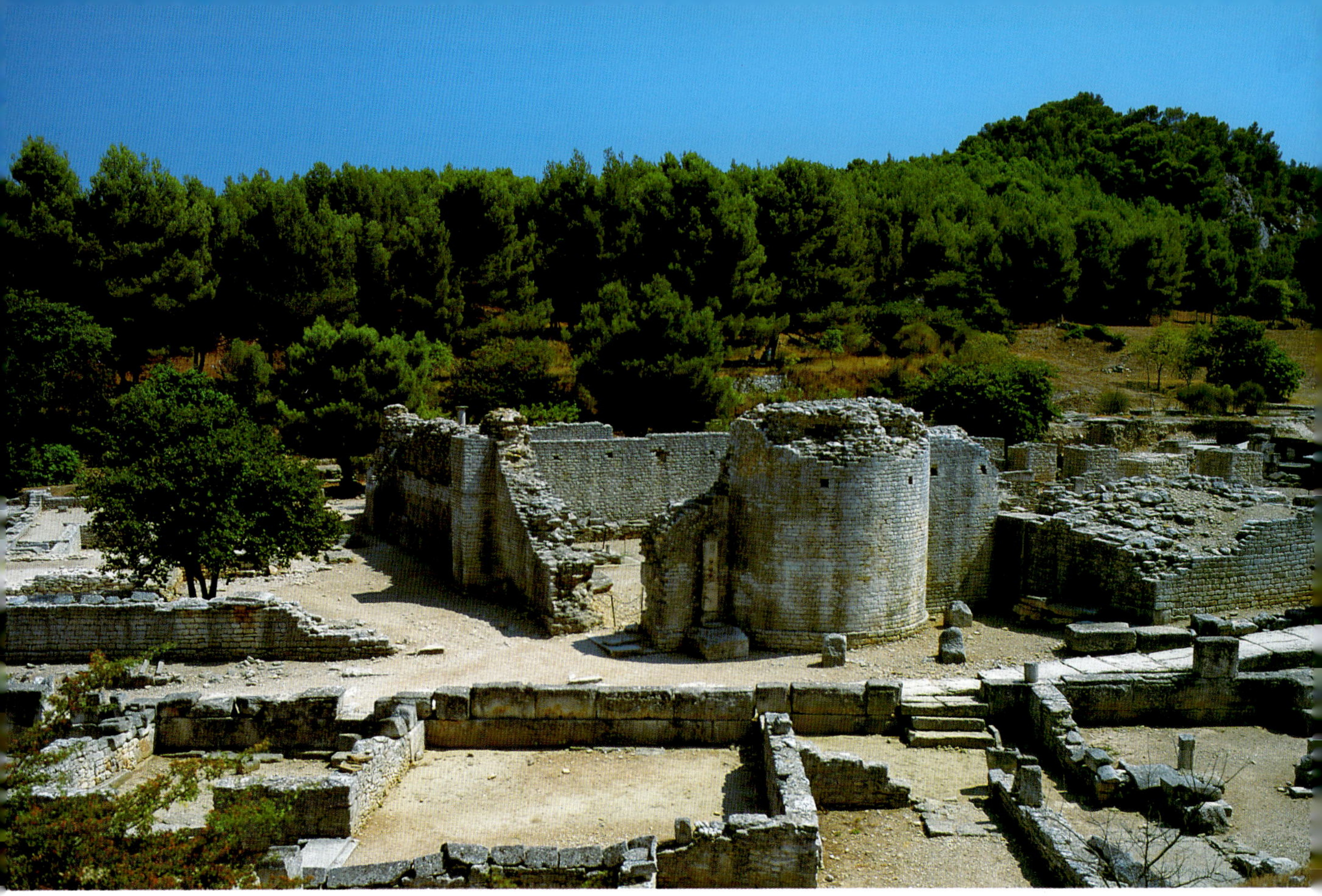

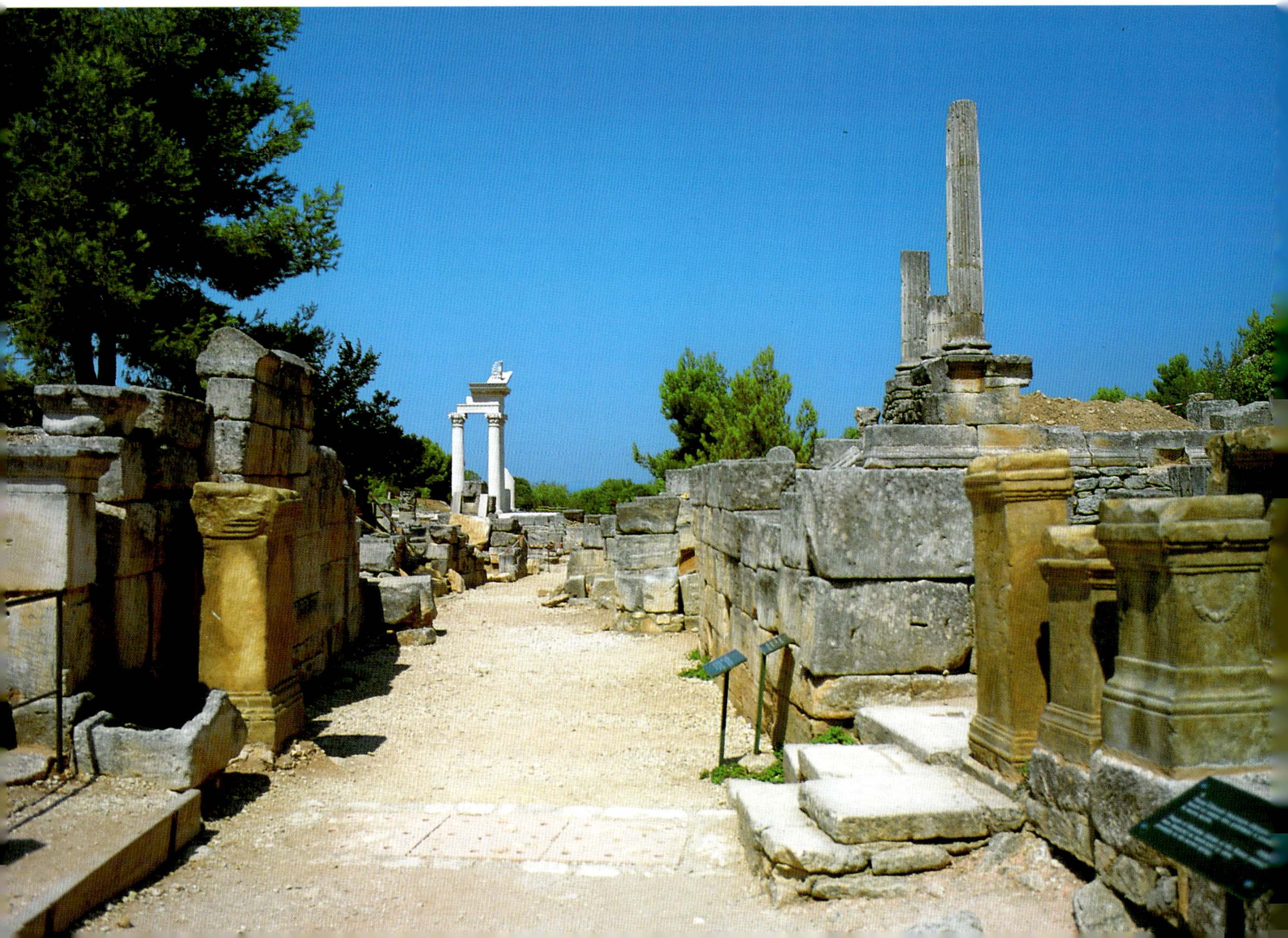

Un coin du Forum et de la Rue du Sanctuaire.

Deux des édifices dans l'aire du Sanctuaire : le monument à colonnes et le temple dédié à Valetudo, déesse de la Santé.

La belle tête du dieu fluvial retrouvée dans la piscine des Thermes de Glanum et aujourd'hui exposée à l'Hôtel de Sade, une belle demeure privée du XVIe siècle qui se trouve à Saint-Rémy-de-Provence et qui aujourd'hui abrite de nombreuses vestiges trouvés au cours des fouilles de Glanum.

véritable salon de beauté moderne où l'on effectuait des massages et des cures esthétiques pour le corps. Les fouilles ont aussi révélé la plus antique mosaïque de la Gaule, qui représente quatre dauphins. Il y avait également un canal couvert, peut-être un vestige de l'ancien réseau d'égouts dont la couverture forme le dallage de la voie principale de Glanum. A l'extrémité de la ville, près du très antique Sanctuaire, on remarquera le **Nymphée** – construit sur l'emplacement de la fontaine qui fut à l'origine de la ville – restauré en 20 avant J.-C. par Agrippa. C'est là que jaillissait, provenant de la montagne, l'eau qui guérissait toutes les maladies: c'est pourquoi les romains y vénérèrent Apollon, le dieu guérisseur... Enfin de nombreux autels dédiés à Hercule représenté, au statuaire, dans des attitudes variées; *Hercule Bibax, Hercule Victor...*

En visitant Glanum, on conserve donc cette impression de sacré qui s'est maintenue, depuis ses origines protohistoriques et à travers ses vicissitudes, jusqu'au jour où la fureur conjuguée de l'homme et de la nature la firent disparaître.

Panorama sur le Rhône et sur la ville.

TARASCON

Tarascon fut tout d'abord une colonie commerciale de Marseille; c'était une île située au milieu du Rhône, qui portait le nom de Jovarnica ou Gernica. Les dépôts d'alluvions rattachèrent ensuite l'île à la rive gauche du Rhône, où s'éleva plus tard un castrum romain appelé Tarusco. Peut-être fut-ce l'aspect agité du fleuve à faire naître la légende qui fit, somme toute, la célébrité de Tarascon. Dans une hagiographie de Sainte-Marthe, antique source littéraire, on trouve pour la première fois l'histoire de la Tarasque, monstre à moitié animal terrestre et à moitié poisson, qui vivait caché dans un bois au bord du fleuve. Quand il sortait, il tuait tous ceux qui trouvaient sur son passage, qu'il s'agisse d'un animal ou d'un être humain. Le monstre s'appelait sans doute Tirascurus: l'endroit où il se cachait s'appelait Nerluc, c'est-à-dire le bois sombre et sacré. Les efforts déployés pour le combattre restaient vains: le jour où il fut surpris par seize jeunes garçons, il en dévora huit. C'est, alors qu'arriva sainte Marthe, en provenance des Saintes-Maries-de-la-Mer, pour prêcher en ces lieux la foi chrétienne. La sainte s'approcha du monstre, lui jeta de l'eau bénite en lui montrant une croix en bois, et le terrifiant animal devint inoffensif: la femme l'étrangla alors avec sa ceinture, et l'apporta au peuple qui le tua à coups de lance et de pierres.

Il s'agit là de la légende de la Tarasque telle qu'elle nous est parvenue sous différentes formes: sculptée, en bois ou en pierre; peinte, sur des portails d'église ou aux coins des rues; dessinée, sur de simples images populaires. Mais à Tarascon même, elle a survécu sous une forme très vivante et particulière: celle de la fête populaire, de la procession.

Le 14 avril 1474, le célèbre roi René institua l'Ordre des Chevaliers de la Tarasque: les réjouissances qui s'ensuivirent, fortement symboliques, comprenaient des jeux avec une représentation de l'animal, et des processions sacrées en l'honneur de sainte Marthe, qui se déroulaient d'ailleurs un jour de l'année non défini, à l'Ascension ou à la Pentecôte. De nos jours, on porte encore le monstre à travers la ville, le dernier di-

Vue générale du Château.

manche de juin et le 29 juillet, jour de la Sainte-Marthe: c'est un énorme dragon en carton-pâte dont la tête et la queue s'agitent, manœuvrées de l'intérieur par huit personnes qui symbolisent les huit jeunes garçons dévorés par le monstre.
Le nom de la ville est lié aussi aux aventures (comiques en vérité mais que son imagination fertile réussit à faire passer comme événements extraordinaires) de Tartarin, le protagoniste des trois fameux romans de Daudet: *Aventures véritables de Tartarin de Tarascon* de 1872; *Tartarin sur les Alpes* de 1885; et *Port-Tarascon* de 1890. Qu'il parte en Afrique tuer un lion, qu'il tente l'escalade des Alpes ou qu'il parte en Australie fonder une colonie, Tartarin nous fascine toujours par ses mensonges, ses fanfaronnades et les incroyables histoires dont il est le protagoniste.
Sainte-Marthe et cette terrible Tarasque, Daudet et ce drôle de Tartarin: deux traditions désormais bien ancrées, et liées pour toujours à Tarascon. Mais la ville possède d'autres beautés, d'ailleurs bien mises en évidence. Tout d'abord le célèbre **Château,** l'un des plus beaux de France et sûrement le plus beau de Provence, comme exemple d'architecture féodale gothique. Résidence royale de la dynastie d'Anjou-Provence, ce château construit sur les restes d'un ancien castrum romain fait face, menaçant, à celui de Beaucaire, sur l'autre rive du Rhône; il associe le sévère aspect militaire et féodal de l'extérieur à l'élégance et la grâce des salles intérieures qui annoncent déjà la Renaissance. C'est avec le bon roi René que la château connut sa période de gloire: le roi, partagé entre le château d'Aix et celui de Tarascon, finit par faire de ce dernier sa résidence préférée. A partir du XVIe siècle, le château fut déclassé pour faire fonction de prison: en 1794 pendant la Révolution, de nombreux partisans de Robespierre y trouvèrent une mort horrible, jetés dans le fleuve du haut des murs. Le bâtiment n'abandonna ses tristes fonctions qu'en 1926: restauré et réouvert au public, il retrouva l'allure qu'il devait avoir cinq siècles auparavant, avec son fossé plein d'eau

dans lequel se reflète la chaude couleur de la pierre. Le château comprend deux parties: la partie inférieure est entourée de murs renforcés aux angles par des tours rectangulaires; l'autre, le palais proprement dit, comporte des tours d'angle de forme circulaire. La **cour,** de style gothique flamboyant, est un chef-d'œuvre de grâce et d'élégance, avec son escalier en colimaçon de forme polygonale, richement sculpté à la base; en haut, une niche avec les *bustes du roi René et de la reine Jeanne de Laval:* cette loggia est trop parfaite et délicate pour qu'on n'y reconnaisse pas la main de Francesco Laurana. Les intérieurs dénotent

L'arrière du château et la galerie qui flanque la cour d'honneur.

Deux images de la cour du château avec les bustes du roi René et de la reine Jeanne de Laval.

Vue générale de la l'église Sainte-Marthe.

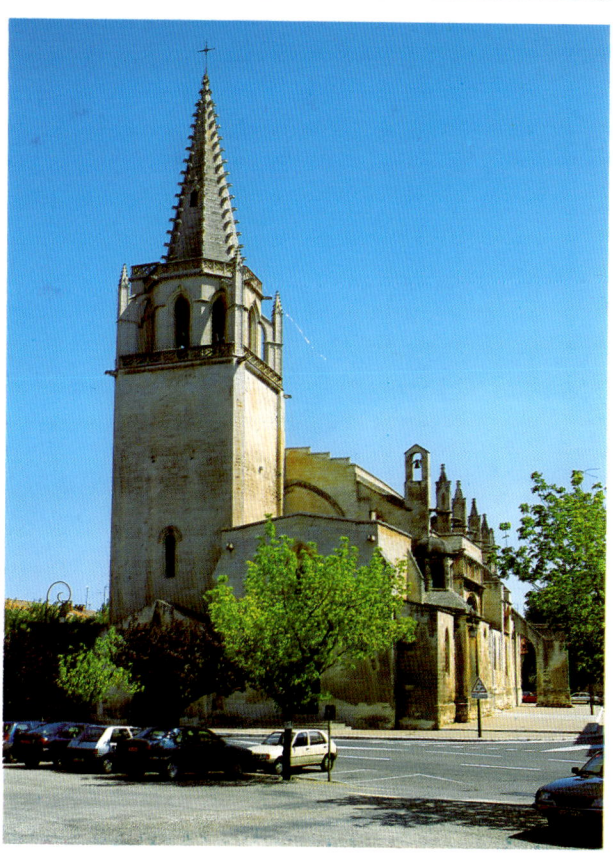

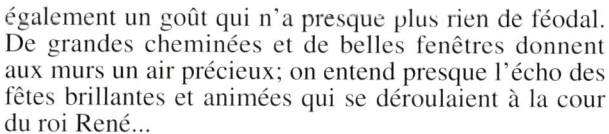

également un goût qui n'a presque plus rien de féodal. De grandes cheminées et de belles fenêtres donnent aux murs un air précieux; on entend presque l'écho des fêtes brillantes et animées qui se déroulaient à la cour du roi René...

Mais la vie des prisonniers enfermés dans la Tour de l'Horloge devait être beaucoup moins gaie; pour tromper les interminables heures de solitude, ils gravaient sur les murs des phrases et des dessins: que pouvait donc signifier cette barque gravée... peut-être le tout dernier souvenir d'une liberté à jamais perdue?

Presque en face du château, l'**église Sainte-Marthe,** dont l'existence est attestée dès le Xe siècle mais que l'on considère comme importante à partir de 1187 seulement, lorsque le corps de la sainte fut retrouvé. L'église, consacrée dix ans plus tard, fut en grande partie reconstruite au XIVe siècle.

On remarquera, à proximité, la rue des Halles, aux curieuses maisons à arcades du XVe siècle, qui évoquent tout un monde désormais disparu; au début de la rue, l'**Hôtel de Ville,** du XVIIe siècle.

Ce qui reste du château qui autrefois dominait Beaucaire.

Vue d'en haut de l'abbaye Saint-Michel-de-Frigolet et le somptueux intérieur de la chapelle Notre-Dame-du-Bon-Remède.

BEAUCAIRE

Née sur l'emplacement de la cité romaine de Ugernum, devenue par la suite capitale mérovingienne du Pagus argenteus, Beaucaire est la ville jumelle de Tarascon. Depuis sept siècles, les deux châteaux se font face, menaçants, et ce fut, tout au long du Moyen Age, une longue course aux fortifications, en prévision d'une attaque qui n'eut jamais lieu. Le **Château**, avec sa belle tour à base triangulaire – particularité assez rare – fut démantelé en 1632 sur ordre de Richelieu. Mais c'est une Foire, aujourd'hui malheureusement disparue, qui rendit Beaucaire célèbre, à partir du XIIIe siècle et jusqu'au siècle dernier.

La Foire fut instituée par Raimond VI comte de Toulouse, en 1217; la ville devint immédiatement la «capitale» française des marchés: elle se métamorphosait chaque année en juillet. Qui ne trouvait pas de place dans les hôtels, logeait chez l'habitant; et qui ne pouvait loger chez l'habitant se contentait des barques amarrées dans le port. Chaque rue de la ville était spécialisée dans un produit: dans l'une on ne trouvait que du vin et dans l'autre que des bijoux. L'un vendait des parfums orientaux et l'autre du riz lombard; ailleurs on trouvait du miel de Narbonne, ailleurs encore des coraux et des fils de perles. Les amoureux offraient à leur fiancée un anneau de verre pour symboliser la beauté et la fragilité de l'amour. On achetait des soies sauvages ou bien des armes; l'odeur du cacao se mêlait à celle de la cannelle, l'arôme chaud du café à l'acidité des citrons et des oranges; les fragiles procelaines côtoyaient les robustes chevaux de trait, les délicates dentelles ou les cotons de Rouen. Le marquis de Sade lui-même tenta sa chance en 1797, en lançant une loterie, dont l'échec total le fit renoncer immédiatement. La tradition voulait aussi que les compagnies de saltimbanques et de jongleurs, avant de commencer leur «tournée» à travers l'Europe, présentent à Beaucaire leurs numéros-nouveautés: ainsi se mêlaient, à côté des marchands et des acheteurs, les nains et les chiens savants, les singes et les femmes à barbe, les acrobates et les dompteurs de lions... L'arrivée de la voie ferrée mit, hélas, brutalement fin à la séculaire Foire de Beaucaire.

ABBAYE DE SAINT-MICHEL-DE-FRIGOLET

La riante vallée du Frigolet tire son origine de la plante aromatique que les Provençaux appellent «farigoule». Les premières informations officielles que nous ayons de l'existence de cette abbaye remontent à 1133, quand quelques nobles font une riche donation, environ 50 hectares de terrain, à l'église Saint-Michel, fondée, semble-t-il, par les moines de Montmajour qui venaient souvent ici pour se soigner des fièvres contractées dans leur région. C'est ainsi que l'on édifia la chapelle dédiée à **Notre-Dame-du-Bon-Remède**, en style roman provençal, qui constitue aujourd'hui l'abside de l'abbaye du XIXe siècle. L'épouse de Louis XIII, Anne d'Autriche, comme remerciement à la Vierge pour lui avoir donné un fils, fit orner l'église avec de somptueuses boiseries dorées et douze toiles de l'école de Nicolas Mignard que l'on peut encore admirer de nos jours.

Cette abbaye renferme aussi le souvenir du père Gaucher qui avait le secret de la fabrication d'une précieuse liqueur d'herbe. L'alambic dans lequel était préparée cette liqueur est encore visible dans une pièce près du cloître. Le produit est aujourd'hui réalisé dans une distillerie des environs et vendu dans la boutique de l'abbaye.

L'ABBAYE DE SAINT-ROMAN

Saint-Roman est une abbaye troglodyte dont la fondation remonterait au Ve siècle mais nous n'avons aucun document prouvant cette supposition. Il est certain, cependant, que cette abbaye rupestre est l'un des monuments les plus anciens de France mais elle est aussi située dans un endroit d'une rare beauté et très suggestif. Pour défendre la communauté monastique qui vivait isolée là-haut, dans les rochers, furent élevées des fortifications au point qu'elle ressemble plus à une véritable forteresse qu'à une pieuse abbaye. Malheureusement, les démolitions qui suivirent au cours des siècles transformèrent l'aspect général des bâtiments. Grâce à un parcours très bien fléché de différentes couleurs, on peut visiter tout l'ensemble monastique en commençant par la *chapelle* qui n'est autre qu'une vaste grotte naturelle que les moines adaptèrent à un lieu de prière. Dans le choeur de cette chapelle se trouve le *«sépulcre de Saint-Romain»* où la tradition veut que soit conservé un fragment de la main droite du saint. Passant par la terrasse d'où l'on jouit d'un merveilleux panorama sur le Rhône, et où se trouve la nécropole du monastère, on peut descendre dans les cellules. Sur l'architrave d'une porte une inscription en latin nous dit que là vécut le moine Vitalis. La citerne est elle-aussi très intéressante, elle pouvait contenir 140 000 litres d'eau de pluie; à noter aussi la *grande salle* (haute de 12 mètres et longue de 17); à l'origine, elle était divisée en trois pièces superposées, creusées patiemment, comme toute cette abbaye, par la main de l'homme.

NÎMES

Située au pied des collines calcaires des Garrigues, la ville de Nîmes est accueillante et animée. Centre vinicole important, elle doit son développement des dernières années aux riches gisements de charbon qui y ont attiré de nombreuses industries, surtout métallurgiques mais aussi de produits chimiques et de textiles, et en particulier de soieries.
Nîmes a été profondément marquée par la civilisation romaine, au point que ses monuments et vestiges lui valurent l'appellation de «Rome française».
Mais bien avant l'arrivée des Romains, ces lieux devaient être occupés par une agglomération protohistorique: c'est ce qu'ont révélé les tombes et les fragments de terre cuite et de sculptures retrouvés durant les fouilles. Le nom antique de Nîmes était Nemausus: il s'agissait d'un sanctuaire, construit à côté d'une source, fréquenté par les populations indigènes qui adoraient un dieu du même nom, et que les Romains vénérèrent à leur tour. Devenue capitale de la tribu des Volsques arécomiques elle fut rapidement occupée par les Romains et en particulier par Octavianus (qui devint ensuite Auguste) et ses vétérans qui avaient battu Antoine et Cléopâtre en Egypte. C'est pourquoi les armes de la ville portent, aujourd'hui encore, l'effigie d'un crocodile enchaîné, symbole de la conquête de l'Egypte, en récompense de laquelle les soldats d'Octavianus reçurent la belle ville provençale. C'est la domination romaine qui marque la période d'or de Nîmes: travaux d'agrandissement, fortifications, nouveaux monuments; sous les Antonins, la ville remplace Narbonne comme capitale de la Gaule Narbonnaise.
A la Conquête Romaine succéda la triste et funeste période des luttes religieuses qui commença au Ve siècle, marqué par la propagation de l'hérésie arienne et les persécutions, qui ne prirent fin qu'au VIIIe siècle. Nîmes deviendra le centre de l'hérésie albigeoise au XIIIe siècle, jusqu'en 1226 exactement, date à laquelle elle sera conquise par Louis VIII. Elle deviendra par la suite un centre florissant de l'industrie textile, grâce à l'apport qualifié des artisans italiens; ses draperies d'or et ses velours sont réputés. Mais les guerres de religion tourmenteront la ville longtemps encore: les Juifs, qui depuis le VIIe siècle jouissaient d'une relative tranquillité et d'une certaine aisance, sont chassés en 1389; au XVIe siècle Nîmes devient calviniste et les divisions qui bouleversent le pays entier n'épargnent pas l'aimable ville provençale. Le 27 septembre 1576, jour de Saint-Michel, restera tristement célèbre dans l'his-

Trois images de l'abbaye troglodyte de Saint-Roman: une vue de la chapelle, le siège de l'abbé et la nécropole sur la terrasse.

Une vue de l'Arène et, au premier plan, quelques ruines d'époque romaine.

L'intérieur de l'amphithéâtre.

toire de Nîmes: les catholiques sont massacrés et on commémorera l'événement sous le nom de Michelade. La révocation – en 1685 – de l'Edit de Nantes, publié pour régulariser la position des calvinistes, détruit la prospérité que connaissait la ville jusqu'alors, malgré les luttes intestines. Et la Révolution Française n'apporte qu'une paix relative dans les esprits: en 1815 on assiste à une longue série de violences et d'assassinats, la «Terreur blanche», menée par les brigands Trestaillons et Truphémy, poussés à la révolte par les nobles outranciers.

Dans un passé plus récent, Nîmes s'étend au-delà des murs d'enceinte et connaît le développement qui la caractérise aujourd'hui encore. Mais retournons aux siècles passés pour admirer les monuments de cette «Rome française». Nîmes signifie tout d'abord les Arènes, l'**amphithéâtre** où se déroulaient les combats de gladiateurs et ceux contre les bêtes féroces. Parmi tous les amphithéâtres romains qui ont résisté jusqu'à nos jours, celui de Nîmes n'est que le 20e par ses dimensions mais il est incontestablement parmi les premiers quant à son excellent état de conservation. Construit dans la seconde moitié du Ie siècle après J.-C., il est de forme parfaitement elliptique, à deux ordres de style dorique couronnés d'un attique qui laisse dépasser les planches destinées aux poteaux du «vélarium». L'amphithéâtre mesure 133 mètres sur 101; 24.000 spectateurs pouvaient y prendre place, répartis sur 34 rangs de gradins, suivant les classes sociales (il y avait également des places pour les personnalités); et chaque rang portait une marque de 40 centimètres, gravée, qui indiquait l'espace destiné à chaque spectateur. La disposition des galeries de raccord était conçue de façon telle que le public accédait facilement à n'importe quel rang de gradins. Plus encore: il existait une petite échelle qui permettait aux hommes chargés du montage du vélarium d'accéder à l'attique sans déranger les spectateurs; rien d'autre qu'une échelle de service des temps modernes... L'amphithéâtre conserva longtemps ses fonctions: jusqu'au Ve siècle, quand les Visigoths le transformèrent en forteresse et creusèrent même un fossé de défense autour de l'édifice. Au Moyen Age, il devint le refuge des pauvres qui construisirent, à l'intérieur, des logements rudimentaires et une petite chapelle. Au siècle dernier, il fut finalement restauré et rendu à ses fonctions premières. Ainsi s'y déroulèrent, à partir de 1863 les corridas, toujours en présence d'une foule immense qui envahit, aujourd'hui comme autrefois, les gradins de l'Arène.

On pourra s'étonner de l'absence de décorations, mais le type de matériau utilisé pour la construction, très particulier, se prêtait mal aux sculptures. Parmi les quelques éléments qui ont survécu, remarquons un *combat de gladiateurs* et, sur un pilier du plan inférieur, un *bas-relief de la Louve du Capitole* allaitant Rémus et Romulus. Autre symbole de Nîmes, la

L'élégante simplicité de la Maison Carrée.

Maison Carrée, temple romain dont Napoléon Bonaparte s'inspira pour la construction de la Madeleine de Paris. Construit sous le règne d'Auguste au Ier siècle avant J.-C., peut-être par Agrippa pour honorer la mémoire des deux enfants, morts très jeunes qu'il avait eu de Julia fille d'Auguste, ce temple est parvenu jusqu'à nous dans un état de conservation presque parfait malgré les vicissitudes qui marquèrent son histoire. Il devint entre autres mairie de la ville, et plus tard église des moines augustins! Il ne subit heureusement pas le sort que lui avait réservé Colbert: être entièrement démonté et reconstruit sur le modèle de Versailles! On l'appela Maison Carrée à partir du XVIc siècle même s'il n'est pas vraiment carré: il mesure 26 mètres de longueur, 15 de largeur et 17 de hauteur. Il n'est donc pas très grand, mais de proportions élégantes et harmonieuses, avec ses 30 colonnes corinthiennes cannelées, d'allure élancée, qui soutiennent l'architrave parcourue d'une frise de facture très délicate, surmontée d'un tympan. A l'intérieur a été installé le petit **Musée des Antiques,** qui présente des objets de fouilles provenant de l'époque impériale. Se distinguent parmi ces nombreuses pièces archéologiques une belle *tête d'Apollon* en bronze, une colossale *statue d'Apollon,* trouvée dans les ruines des Thermes de la Fontaine, plusieurs mosaïques, une *statue de Vénus,* brûlée mais restaurée, dite la Vénus de Nîmes.

D'autres pièces archéologiques importantes se trouvent au **Musée archéologique,** l'un des plus importants de France, surtout pour ses sculptures: l'une représente la *tête d'un guerrier gaulois,* symbolique et terrifiante dans son énorme casque stylisé qui couvre toute la tête; une autre, aux traits doux, représente la *tête de Jupiter.* Autre curiosité de Nîmes, liée d'ailleurs à l'étrange histoire d'un «chercheur d'or»: la **Tour Magne,** au sommet du mont Cavalier. La Turris Magna faisait partie des murs d'enceinte de la ville: c'était même vraisemblablement la plus importante. Construite à la fin du Ie siècle avant J.-C., elle possède une base octogonale: la partie inférieure est ouverte par des niches profondes; un étage sans décorations lui fait suite, et enfin une zone supérieure à piliers d'ordre toscan. C'est tout ce qu'il en reste, mais l'édifice devait posséder à l'origine un étage supplémentaire à demi-colonnes. La tour, qui mesure aujourd'hui 33 mètres de hauteur, a sans doute perdu une dizaine de mètres au cours des siècles. On ignore sa fonction d'origine: une tombe, un trophée, une tour de garde... Qui sait? Une chose est certaine, sa ressemblance frappante avec le fameux Phare d'Alexandrie, construit en 280 avant J.-C. Son histoire est donc liée à celle d'un certain François Traucat, jardinier; en 1601, après avoir lu dans les Prophéties de Nostradamus qu'un jardinier serait devenu riche et célèbre après avoir découvert un trésor souterrain, il se mit en tête que le trésor était à portée de sa main, enfoui sous les murs de la

Tour Magne; et il commença à creuser avec conviction. Naturellement on ne trouva pas trace du trésor, mais on découvrit par hasard autre chose: les murs d'époque romaine étaient en réalité construits sur une tour gauloise en pierre sèche, dont personne n'avait jusqu'alors soupçonné l'existence.

Comme toutes les colonies romaines, Nîmes possédait son ensemble thermal. Celui-ci était directement relié à la fontaine dédiée au dieu Nemausus, dont le temple a disparu: ses eaux alimentaient les thermes construits au IIe siècle. Ce vaste ensemble comprenait à l'époque romaine, en plus de la source et des thermes, un théâtre et un temple. Il ne reste aujourd'hui que les ruines du temple, dit le **Temple de Diane** qui n'est en réalité ni un véritable temple ni même un lieu qui ait un lien quelconque avec la divinité dont il porte le nom. On suppose que cet édifice servait en fait à loger les fidèles du dieu Nemausus, mais ce ne sont là que des hypothèses. On remarquera le système de couverture, qui utilise de grands arcs opposés qui soutiennent les voûtes. C'est un ingénieur militaire du XVIIIe siècle qui créa le **Jardin de la Fontaine,** voisin, où se trouve la source; celle-ci était composée de bassins géométriques situés à différents niveaux, entourés de balustrades. On peut voir, aujourd'hui encore, une piscine et la double rampe d'escalier qui menait à la fontaine. Par rapport à cette construction complexe et grandiose, celle du «castellum divisorium» – château d'eau d'époque romaine, point d'arrivée de l'aqueduc de Nîmes – peut paraître modeste. Mais elle est d'un très grand intérêt sur le plan technique car les constructions de ce type qui ont résisté au temps sont très rares. Construit en 19 avant J.-C. sur le flanc d'une colline située au nord de la ville, découvert en 1844, il a une forme circulaire et est entouré d'un trottoir surélevé. Il fut conçu pour amener à Nîmes les eaux d'une source qui se trouvait près d'Uzès, celles de la Fontaine étant insuffisantes pour l'ensemble de la ville. Mais étant donné les grandes difficultés techniques causées par la faible dénivellation entre le point de départ et celui d'arrivée, les romains eurent l'idée d'alimenter la ville en faisant partir les eaux d'un nouveau bassin de distribution. Celui-ci était réglé par une écluse qui répartissait l'eau dans 5 directions différentes, et ceci pour toute le ville. On évalue à un minimum de 20 000 mètres cubes le débit journalier de ce bassin, c'est-à-dire environ 400 litres pour chacun des habitants de Nemausus.

La **Porte d'Arles** dite aussi Porte d'Auguste, est malheureusement en grande partie détruite; elle faisait partie de l'enceinte construite en 15 avant J.-C.; elle marquait le point d'arrivée de la Via Domitia du nom du consul Cneius Domitius Ahenobarbus; la voie commençait à Beaucaire et rejoignait Nîmes: puis elle se prolongeait en ville et se transformait insensiblement en «decumanus maximus»; elle s'ouvrait par quatre arcades: deux au centre, plus importantes, pour le passage des véhicules, et deux latérales, plus étroites, pour les piétons. Sur l'esplanade qui fait suite à la Porte, on remarquera une *statue d'Auguste,* copie de l'antique statue d'origine.

La massive Tour Magne et détail de la «cella» dans le temple de Diane.

Duex images de la Porte d'Auguste avec la statue de bronze de l'empereur.

Vases de marbre et statues entourent la fontaine Nemausus à l'intérieur du Jardin de la Fontaine, du XVIIIe siècle.

PONT DU GARD

Agrippa, gendre d'Auguste, décida en 19 avant J.-C. la construction d'un énorme aqueduc pour fournir de l'eau potable à Nîmes.
Le pont qui aujourd'hui encore enjambe hardiment le Gardon, est la partie la plus grandiose de cet ouvrage extraordinaire, resté pratiquement intact depuis presque deux mille ans.
Endommagé pendant les invasions du IIIe siècle, il fut plusieurs fois réparé; et il servait encore de passage pour les piétons au siècle dernier.
C'est un exemple exceptionnel, du point de vue technique d'abord; mais aussi sur le plan esthétique, la couleur délicate de la pierre, l'élégance et l'originalité de la construction: c'est pourquoi tant d'artistes l'ont immortalisé, écrivains peintres et poètes.
L'architecte qui conçut le projet utilisa pour sa construction d'énormes blocs de pierre murés à sec, qui pesaient jusqu'à 6 tonnes et furent soulevés à 49 mètres de hauteur. Mais la particularité du pont est qu'il est composé de 3 ordres d'arcades, superposées et se chevauchant, complètement indépendantes les unes des autres. La dimension de chacune des arcades est différente de celle des autres étages, de sorte que la masse architecturale semble avoir une vie autonome. La hauteur totale du pont, à partir des eaux du fleuve, est de 40 mètres; le premier ordre, composé de 6 arches, a une longueur totale de 142 mètres; l'ordre central, de 11 arches, mesure 242 mètres, et l'ordre supérieur, de 35 arches, mesure 275 mètres.

Une vue suggestive du Pont du Gard.

Vue panoramique sur la ville avec l'Evêché et la Tour Fenestrelle au fond.

UZÈS

C'est l'aspect typiquement médiéval d'Uzès qui frappe tout d'abord le visiteur. La dynastie des Uzès est très ancienne: la branche féminine de la famille remonte jusqu'à Charlemagne, mais il fallut attendre 1565 pour qu'un descendant reçut de Charles IX le titre de duc d'Uzès.

La vie du pays se déroula dans le calme pendant plusieurs siècles; la situation changea en 1560, lorsque la Réforme atteignit la ville. La lutte religieuse déchira longtemps la population, qui se divisa en protestants et catholiques.

Jean Racine arrive à Uzès en 1661, à peine âgé de 22 ans. Sa famille – qui constate avec inquiétude l'attrait farouche que le théâtre exerce sur le jeune homme sorti d'un sévère collège janséniste parisien – l'a envoyé auprès d'un oncle, vicaire général du pays. Racine reste chez son oncle un peu plus d'un an, mais les lettres qu'il écrit à sa famille parlent peu de problèmes théologiques et beaucoup de poésie. Les beautés de la campagne sont plus souvent décrites que celles de l'esprit: ainsi lorsqu'il rentre à Paris, est-il plus que jamais convaincu de son choix, celui qui le fera passer à la postérité du théâtre et de la littérature.

La ville est dominée, aujourd'hui encore, par la masse féodale du château, le **Duché,** qui appartient aux ducs d'Uzès. C'est un imposant bâtiment carré, construit entre le XIIIe et le XIVe siècle.

Dans la cour on remarque le contraste entre les deux tours (la Tour de la Vicomté du XIVe siècle, et la Tour Bermonde du XIe) et la façade Renaissance du côté droit. Celle-ci fut construite en 1550, sur un projet de Philibert Delorme, qui conçut trois ordres superposés, dorique, ionique et corinthien: c'est là l'un des premiers exemples, en France, d'une solution architecturale de ce genre.

La **Tour Fenestrelle,** sur le côté droit de la cathédrale

Saint-Théodorit, est un cas tout à fait unique sur le sol français: c'est le seul vestige de la cathédrale romane primitive, détruite pendant les déchaînements des guerres de religion; la tour, d'une hauteur de 42 mètres, est construite sur une base carrée, mais elle est elle-même de forme ronde. Elle comporte six doubles étages circulaires, qui reculent progressivement; chacun d'eux a des ouvertures de dimensions particulières, ce qui donne à l'architecture d'ensemble une certaine élégance, un aspect varié et légèrement tourmenté.

L'entrée du Duché d'Uzès.

La façade de la cathédrale et la Tour Fenestrelle.

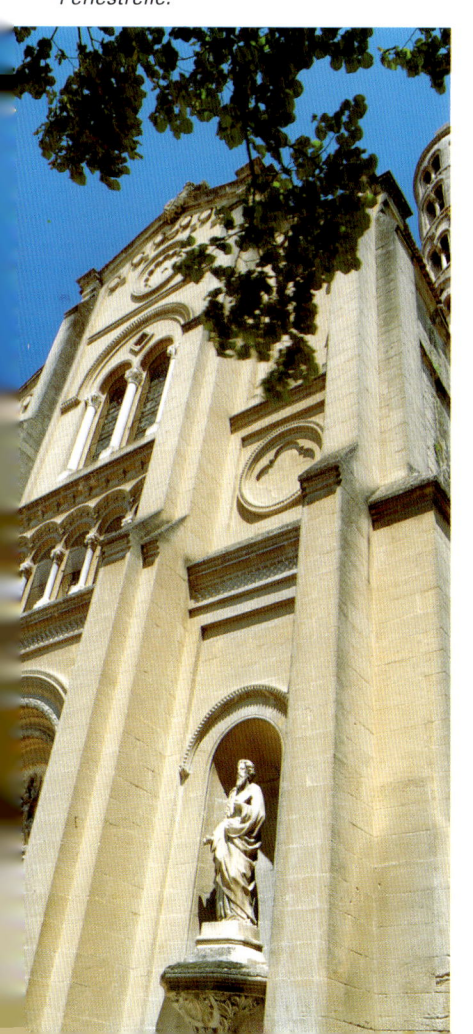

ST. AMBROIX
Montclus
Potelières
Goudargues
PONT - ST. - ESPRIT
Salindres
la Roque - sur - Cèze
LUSSAN
BAGNOLS - sur-Cèze
St. Marcel - de - Careiret
Orsan
Connaux
Mondragon
Ste. Cécile - les - Vignes
Cairanne
VAISON - la - Romaine
Montagne Eygaliers
1062
de Bluye
Mévouillon
Col de Fontaube
SÉDERON
1068
Col de Macuègne
MALAUCÈNE
Reilhanette
Montagne d'Albion
1393
MONT VENTOUX
1912
ORANGE
Jonquières
BEAUMES - de - Venise
SAULT
Revest - du - Bion
Courthézon
Châteauneuf - du - Pape
Roquemaure
Bédarrides
CARPENTRAS
Blauvac
Plateau d' Albion
St. Christol
VÉZÉNOBRES
Foissac
Montaren
Flaux
Monteux
SORGUES
Cruviers
UZES
PERNES - les - Fontaines
Venasque
Col de Murs
627
Le Cluyer
1054
Simiane - la - Rotonde
St. Chaptes
VILLENEUVE Les Avignon
PLATEAU DE VAUCLUSE
FONTAINE - de - Vaucluse
672
ABBAYE de Sénanque
Remoulins
Domazan
AVIGNON
L'ISLE - sur la Sorgue
GORDES
Gignac
PONT DU GARD
Dions
Barbentane
Caumont - sur - Durance
Village des Bories (Noir)
Roussillon
Caseneuve
Fons
Aramon
LA MONTAGNETTE
Château - Renard
Noves
Cabannes
APT
St. Mamert
Saignon
Céreste
NÎMES
Marguerittes
Comps
St. Etienne
Maillane
St. Andiol
CAVAILLON
Maubec
N.D. de Lumières
Bonnieux
1125
Mourre Nègre
Clarensac
Oppède - le - Vieux
Ménerbes
Les Portallets
629
PARC REGIONAL
BEAUCAIRE
TARASCON
ST. RÉMY - de - Provence
MONTAGNE DU LUBERON
Calvisson
RUINES DE GLANUM
ORGON
Cucuron
CHAÎNE DES ALPILLES
LES - BAUX - DE PROVENCE
Eyguières
Les Plaines
314
Senas
DU LUBERON
Bellegarde
Fontvieille
Mallemort
Cadenet
Générac
Vergèze
ABBAYE DE MONTMAJOUR
MAUSSANE les Alpilles
Gallargues - le - Montueux
Beauvoisin
Vauvert
Mouriès
Eygalières
CHAÎNE DE LA TRÉVARESSE
Pertuis
ST. GILLES
ARLES
Rognes
LUNEL
Saliers
SALON de Provence
Lambesc
St. Laurent - d'Aigouze
PARC
St. Martin - de - Crau
St. Cannat
Venelles
Entressen
Mas des Aulnes
PLAINE DE LA CRAU
Lançon
AIGUES - MORTES
PLAINE DE LA CAMARGUE
Miramas - le - Vieux
AIX - en - Provence
RÉGIONAL
St.Chamas
le Boucanet
ÉTANG DE VACCARÈS
Istres
les Milles
Port - Camargue
GRAND RHÔNE
ÉTANG
CHAÎNE DE VITROLLES
DE CAMARGUE
BERRE
Rognac
GARDANNE
St. Mitre - les - Remparts
Simiane - C.
BERRE
MARIGNANE
Cabriès
SAINTES - MARIES de - la - Mer
Zone Industrielle
Pilon du Roi
670
Mimet
Salin de Giraud
Fos - Plage
MARTIGUES
CHAÎNE DE L'ETOILE
Port de - Bouc
GOLFE DE BEAUDUC
PORT ST. LOUIS
CHAÎNE DE L'ESTAQUE
MARSEILLE
GOLFE DE FOS
Canal souterrain du Rove
L'Estaque
Allauch
Carro
Carry le Rouet
Rade de Marseille
Plage de Piemançon
Ile Ratonneau
Ile Pomègues
la Penne
Château d'If
CH. DE ST. CYR
MER MÉDITERRANÉE
Cap Croisette
Massif de Marseilleveyre
432
CASSIS
Cap Morgiou
Les Calanques
Ile de Riou
DURANCE
RHÔNE